消失的建筑

考古中国

翟东强　谢九如　著

中国工人出版社

# 目 录

# 第七章

# 第八章

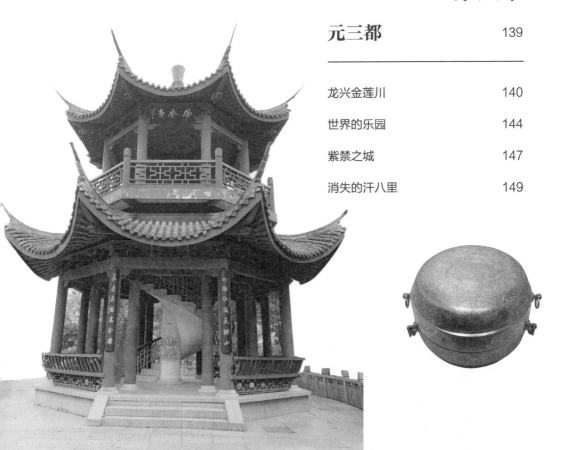

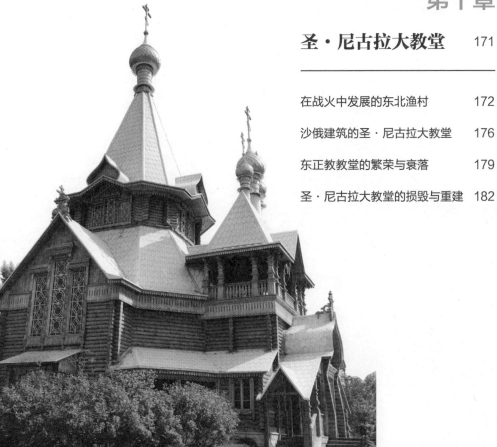

第一章
大秦咸阳宫

# 帝都咸阳

咸阳，一座西部的现代小城，在今天，它只是一个普通的三线城市，除了丰富的历史文化底蕴外，甚少引起人们的关注。然而，在两千多年前，咸阳作为大秦帝都，却是整个王朝甚至整个世界，最著名、最宏大、最壮丽的城市。后代无数文人墨客为它写下华美的诗赋与文章，无数历史爱好者渴望见识阿房宫的辉煌与繁盛。

然而，秦咸阳城这座辉煌一时的国都，早在两千年前就已化作层层焦土。项羽的一把火，彻底断绝了后世人的念想。但我们似乎并不能苛责这位西楚霸王，他与刘邦不同，刘邦与秦王朝并无私怨，而项羽作为六国贵族，他的国家被秦灭亡，无数亲族遭到杀戮，他与秦朝之间有着数不清的血海深仇。更何况，在中国数千年的历史中，除了明清两朝的皇宫外，几乎没有能保存下来的古代都城。无数的历史名城在战火与动荡中毁灭，今天的人想要再见古代都城的繁荣，只能透过典籍书海，在脑海中畅想回味。

《史记》中记载，秦始皇在咸阳的宫殿中接见了作为燕国使者的荆轲，以及荆轲的同伴秦舞阳。在走到殿前的台阶下时，与荆轲同来的秦舞阳却突然脸色大变，瑟瑟发抖。荆轲向秦国君臣解释说，秦舞阳是北方蛮夷之人，没有见过天子，所以才会如此失态。但也有人推测，秦舞阳是被咸阳宫的壮丽与宏大震慑，所以才胆战心惊。这座咸阳宫殿的规模究竟有多么宏大，以至于能吓到十几岁就敢当街杀人的秦舞阳呢？

想要了解秦咸阳城宫殿的大小，首先要了解秦咸阳城的规模，这一点很多史料中都有提及。《汉书》中记载："秦起咸阳，西至雍，离宫三百。"杜牧在《阿房宫赋》中说到咸阳宫城是："覆压三百余里，隔离天日。"《史记》中记载："咸阳之旁二百里内，宫观二百七十。复道甬道相连，帷帐钟鼓美人充之，各案署不移徙。"杜牧所处的时代距秦朝已远，暂且不论。但《史记》和《汉书》中关于咸阳宫的记载，却非常具有参考价值。试想一下，秦时的二百里换算为今天的 83.5 公里，现今咸阳市东西最宽处也只有 106 公里。可想而知，当年咸阳城的规模究竟有多么宏大！

为了进一步了解秦咸阳城的规模，我们可以将历代都城的规模做一个对比。夏朝曾多次迁都，其中阳城遗址大概 0.3 平方公里；商代殷墟遗址的面积为 30 平方公里，其宫殿宗庙区的建筑面积为 0.65 平方公里；西周丰镐两京的遗址大概 17 平方公里；东周洛邑的面积根据《逸周书·作雒解》中的记述："堀方千七百二丈，郛方七七里。以为天下之大凑。"汉代长安城的面积约 36 平方公里；唐长安城的面积约 87.27 平方公里。由此看来，秦咸阳城的面积似乎与唐长安城不相上下。

虽然现如今咸阳城已不复存在，但我们可以用同时期燕国都城中的宫殿作为参考，来大致了解一下咸阳城宫殿的规模。燕国都城位于今天的河北易县，在燕下都遗址中还保留着燕国的宫殿遗迹。在这一宫殿遗迹中，相距约六公里的南北中轴线上一路排列着武阳台、望景台、招贤台、驿馆等四座巨大建筑的夯土台基，其中最大的武阳台高 11 米、东西长 140 米、南

**秦始皇**

中国古代杰出的政治家、战略家、改革家，首次完成中国大一统的政治人物，也是中国第一个称皇帝的君主。

北宽 110 米，光台基就约合现在的 4 层楼高。在宽广的台基上，至今还可清楚地看到上殿的层层台阶。

众所周知，春秋战国时期是政治经济剧烈变化的时期，也是社会大变革时期。这一点，在建筑形制上也有所体现。陕西岐山县周公庙旁的凤雏村发现的西周代表性宫殿建筑，是典型的四合院式建筑，建于高约 1.3 米的夯土台基上，显得稳重平和。进入东周，王室衰微，诸侯争霸，高台建筑开始盛行。这一时期，最具代表性的建筑是楚国的离宫章华台，被称为"天下第一台"。贾谊《新书》中记载："翟王使使至楚，楚王欲夸之，故飨客于章华之台上，上者三休而乃至其上。"因为中途需要休息三次，才能到达顶点，所以章华台也被称为"三休台"。

统治者为了强化王权的至高无上，所以将宫殿越修越高、越修越大。《资治通鉴》中记载，萧何曾经说过："且夫天子以四海为家，非壮丽无以重威，且无令后世有以加也。"这大概是对历代帝王大修宫室所作的最好注解。难怪当年提倡节俭、拒修宫室的刘邦听完此话后龙颜大悦。

考古学家在对历朝历代宫殿的发掘中，发现了一个有趣的现象：中国历代宫殿规模呈日渐缩小的趋势。汉长安城的未央宫和长乐宫的面积分别为 4.6 平方公里和 6.6 平方公里，唐大明宫的面积为 3.3 平方公里，清故宫的面积则是 0.73 平方公里。如此推算，秦咸阳城的宫殿可能要比汉代的两座宫殿还要大一些。

# 打破常规

在发掘咸阳宫遗址时，考古学家只能根据史籍中的蛛丝马迹来推断咸阳城的位置。史书中记载，在公元前 350 年，秦第 30 代国君秦孝公任用商鞅变法并决定迁都咸阳，这是一个影响了后来历史进程的重要决定，大秦帝国从此崛起。

秦孝公之所以选择咸阳作为未来的国都，是因为咸阳四面环山，易守难攻，秦国只要据守函谷关，就可以阻挡东方六国的攻势，可谓"一夫当关，万夫莫开"。同时咸阳又是关中四通八达的交通枢纽，秦国本就地处西陲，迁都咸阳可以加强同中原的联系。最重要的是咸阳所在的关中地区，雄居黄河中游，地势西高东低，可以形成对黄河下游各诸侯国的居高临下之势，统治地位优越。

古人云："天时不如地利，地利不如人和。"天时难测，人和难为，三者中最易操作的，反而是地利因素。从早期的夏、商、周，到春秋战国时的秦、楚，以及后来的汉、晋，都曾因统治需要而迁都，其目的正是占据地利优势。

在如今咸阳市上万平方公里的土地上寻找当年的咸阳宫，无异于大海捞针。无论是在人力方面还是物力方面，都没有条件进行这么大规模的考古搜寻。二十世纪七八十年代，考古学家在寻找咸阳宫时也面临着十分巨大的挑战。当时，寻找咸阳宫的考古工作必须先找到一个突破口。而根据史书中的记载，考古学家将这个突破口锁定在咸阳宫的正殿上。

当年荆轲觐见秦王，是燕国与秦国之间一次正式的外交活动。按照当时的外交礼仪，秦王应当在一个正式的场合去接见外国使者，而这个场合很可能就是咸阳宫的正殿。自西周以来，中国古代宫殿一直遵循着一条建筑规律：正殿须建筑在城市中轴线上。北京的故宫、天坛；西安的大雁塔都是主建筑坐落于城区或院落的中轴线。即使秦咸阳宫再壮观，也不应该脱离自己的时代。因此，如果能找到咸阳的城墙范围，就能大致确定咸阳宫正殿的位置。

很快，好消息便传来了。在咸阳城东北的窑店镇长陵车站，考古学家发现了水井、管道、陶器、瓦片等秦国器物。其中的一个陶拍上面刻有"咸臻至善"几个字，这表明这块陶拍产于名为"善"的街道，而且这条街道则处于咸阳城范围之内。这之后，考古学家又陆续发现了铜诏版、秦官员头像、楚国陈爰金币等文物，由此考古学家推断，秦国时的这里不仅是手工作坊区，还是个热闹的市井街区。

自西周以来，中国都城的布局都以"前朝后寝、前朝后市"的礼制规范为准则，以此标准，咸阳宫殿区的位置应该在长陵车站以南，靠近渭河。如

**蝉纹瓦当**

秦咸阳宫一号宫殿遗址出土，现藏咸阳博物馆。

**铜铺首**

秦咸阳宫一号宫殿遗址出土，现藏咸阳博物馆。

此，考古学家就应该在渭河平原上挖掘秦咸阳宫遗址。但这里有一个问题：千古一帝秦始皇是否会屈从旧制，将宫殿建造在地势较低的渭河平原呢？

秦始皇横扫六国，建立了中国历史上第一个大一统王朝，分天下为三十六郡，车同轨，书同文，创下空前绝后的伟业。据司马迁记载，秦王每破一国，便将其代表宫殿仿造在咸阳塬上，分布于自己宫殿周围，并且将从六国掳掠来的美女、钟鼓安置其中。至少在嬴政君臣的眼中，秦始皇的成就是高过之前的历代帝王的。这样的秦始皇，会遵从先代传下来的制度吗？一个强者，为什么要听从比自己弱小的人制定的规则呢？

在了解了秦始皇的成就后，还要观察一下咸阳市的地形情况。咸阳市地势北高南低，呈阶梯状分布，南部是渭河平原，地势平坦；中部是黄土台塬，地势开始升高；北部是高原丘陵，地势最高。值得注意的是，中部的黄土台塬作为黄土高原特有的地貌，顶部平坦阔大，四周高耸陡峭，塬上塬下有100多米的落差，长陵车站就位于台塬最下一层。试想当秦舞阳从易水南下抵达渭河，是驰行渭河登上秦宫会让他恐惧，还是一路仰望着百米之上目不所及的层层大殿时会感到恐惧呢？

经过仔细分析后，考古学家断定，秦

始皇一定会打破常规，在地势更高的北部塬上打造咸阳宫殿。接下来，大规模考古工作在长陵车站以北的区域展开，塬上耸立的巨大土堆也成为考古学家的关注目标，它们会是咸阳宫殿的夯土台基吗？

# 咸宫迷踪

1974 年春，考古人员首先在聂家沟、姬家道沟发现北、西、南三面城墙遗迹，之后刘家沟的东墙断断续续地隐现。这样，一个面积约 0.5 平方公里的城区大致形成。牛羊沟基本处在城区中轴线上，这使大家看到了希望。

黄土台塬上沟壑横陈，但大都宽阔平整。奇怪的是，牛羊沟沟道狭窄，仿佛人工开凿一般。果然，考古人员先是在沟道中发现了战国瓦片，而后又在沟道两端的崖壁上发现了结构相同的下水管道。由于牛羊沟沟道的西侧存在一个夯土台基，那按照对称原则，牛羊沟沟道的东侧是否也存在一个夯土台基？结合牛羊沟的位置，考古学家推测，这里可能就是秦王接见荆轲的咸阳宫正殿。

随着考古发掘的深入，考古人员在清理夯土台基最上层地面时，发现了一个圆柱形空洞，里面堆满了木炭灰，炭灰下面还有石头。根据当时的建筑结构，考古学家认为这里应该是都柱的残迹。所谓"都柱"，就是秦汉时期宫殿和崖墓中用来支撑屋顶的擎天柱，这种建筑结构在后世的建筑中也有所体现，北京天坛祈年殿正中便有四根高达 19.2 米的龙井柱，这些柱子便是用来支撑这座高度为 38 米的大殿的都柱。

此次考古发掘中发现的这根都柱直径有 68 厘米，是迄今为止我国发现的最粗的都柱。根据这根柱子直径和西周常用的层盖坡度可以推算出，这座宫殿的屋顶高度至少有 17 米，相当于今天五层楼的高度。

咸阳宫殿的建造时间比祈年殿早 1500 年，竟然只用一根柱子就支撑起如此高度，其建造手法不禁令人赞叹！整个建筑复原后，占地 5400 平方米，横跨牛羊沟，是一栋两层结构的曲尺形建筑。与故宫相比，这座宫殿最大的特点就是中部高耸距地 4.9 米的夯土台基，这是当时典型的高台建筑风格。在距地 0.96 米高度上的是第一层宫室，围绕在台基周围；而在 4.9 米的台基之上，便是由都柱支撑的宫殿主体第二层宫室。从整体来看，这座第一次比较完整复原出的咸阳宫殿，不像大家心目中巍然屹立的大朝正殿，却更像一座楼廊环绕、飘逸秀气的宫观。

发现都柱的居室是整个宫殿中面积最大的，应为主殿，朱红色的地面与中国历代帝王宫殿地面颜色一致，应为秦王使用。从门道上残留的壁画和出土的环、钉判断，墙壁上应该张挂着锦绣帷帐。作为整个宫殿装饰最华丽的地方，这里被推断为秦王宴乐享乐之地。相邻的三室内有取暖的壁炉，视野开阔，推测为秦王临幸休息之所。一室西侧有一排房屋，其中第五室内残存暖炉和大地漏，此为宫中最大地漏，推测为秦王的浴室。而下层南排有五间 40 平方米左右墙面有彩绘的房间，似为妇女居住的卧室。相邻八室内有暖炉和排水地漏，地铺方砖，应为盥洗沐浴之处。八室还出土了陶纺轮，似为宫中妇女消遣之物，这一层应是秦王后宫佳丽生活起居之地。

如此看来，牛羊沟宫殿，也就是后来被命名的"一号宫"很可能并非秦王接见荆轲的秦宫正殿，而是秦王的后宫。通过碳 14 实验检测，"一号宫"的年代最终被确定在约公元前 340 年。按照时间计算，这座包含八座宫殿、总面积 51 万平方米的宫城，是秦迁都咸阳后最初的宫城，而非秦始皇统治时期修建的宫城。

遗憾的是，除了"一号宫"外，其他宫殿由于破坏严重，很难确知当时的模样和功能。但处于中轴线的"一号宫"已沦为后宫别苑，其他宫殿的命运就更有待考证了。考古人员在"一号宫"中发现了纷繁多样的诸如漏斗、五角形下水管道、滤水器等各式管道。最大的管道直径达 59 厘米，与现在通用的 100 厘米的下水管道相差不多。可是它们如何在宫殿中布局，如何进行采暖和防潮等，至今仍是难解之谜。

与此同时，考古人员在"一号宫"中还有一个惊人的发现，可以与史书中的记载互相印证。考古学家在发掘到遗址底部时，发现残存的砖瓦都被烧

山雨欲来风满楼 袁耀敬写

清　袁耀　山雨欲来图

此幅取唐代诗人许浑《咸阳城东楼》诗意，画面描绘暴雨来临前乌云狂风之下的建筑。

得变形了，相互之间拧在一起，就如同炼钢炉中烧出的一样。这与《史记》中记载项羽灭秦后"引兵西屠咸阳，杀秦降王子婴，烧秦宫室，火三月不灭"存在一定关联之处。若非咸阳宫的规模如此庞大，大火又怎能连烧三个月而不熄灭？

# 皇权帝制

在此后的数年间，虽然经过无数查探，考古人员依然未能发现咸阳宫的正殿，甚至连咸阳宫大门的位置都无法确定。按照中国古代都城的布局，其基本构造应由宫城及外郭城组成，故宫就是由一组组宫殿群和外城墙构成的宫城。在今天燕国国都的遗址中，也发现了四座城门和高达六七米的外郭城墙。可迄今为止，考古人员只在咸阳找到初建时的咸阳宫，却始终找不到外郭城。秦王朝的政治核心究竟在哪里？在这座宫城的周围是否还有其他宫城？秦咸阳城的规模究竟有多大？寻常的考古经验似乎并不完全适合咸阳城的发掘，是否该换一个思路来考察呢？

罗马不是一天建成的，秦咸阳城的营建也经历了漫长的过程。从秦孝公迁到咸阳，到秦惠文王时扩建咸阳，再到庄襄王、昭襄王、秦始皇，他们的营建思路一直是把秦咸阳城不断扩大。秦始皇建立的是一番空前绝后的事业，他掌握着一个前所未有、规模空前的国度，这一点从《史记》中记载秦朝疆域"地东至海暨朝鲜，西至临洮、羌中，南至北乡户，北据河为塞，并阴山至辽东"就能看得出来。早在建国伊始，秦始皇便启动了规模庞大的建设计划，他北筑长城以保卫北方领土的安全；南修灵渠，沟通长江和珠江；以咸阳为中心，修建通往东方、南方诸侯国家的驰道，其宽度约合今 70 米，相当于今天双向并行 8 车道的国家级干道。这一时期还有一项工程格外引人注目，那就是秦宗庙极庙的修建。

《史记》中记载："焉作信宫渭南，已更命信宫为极庙，象天极。自极庙道通郦（骊）山，作甘泉前殿。筑甬道，自咸阳属之。"为什么一座宗庙的修建会受到如此关注？因为在历代的都城中，宫殿与宗庙总是相辅相成，二者缺一不可。雍城是秦迁都咸阳之前294年的国都，陕西宝鸡凤翔县已发现它的遗迹。在雍城城区中轴线上的马家庄遗址，西部为宫殿建筑群，东部为宗庙建筑群，宗庙与朝政宫殿平起平坐，就鲜明反映了这一点。

但到了秦始皇时期，他将宗庙移出宫城，迁到了渭河以南，这无疑是他抛弃血缘政治纽带、不断加强个人集权野心的举动。除了这一举动外，秦始皇为了抬高皇权还在宫殿位置的选取方面做出了一些不同的尝试，这一系列举动可以看作中国历史从王国时代到帝国时代、从王权到皇权的政治演进的过程。

秦始皇就是要通过建筑来加固皇权，威仪天下。而不断强化的皇权帝制，又刺激了他日益膨胀的欲望。据统计，秦始皇时期同时兴建的重大工程达六七项之多：长城、直道、驰道、灵渠、秦始皇陵、咸阳宫城等，每一项工程所用苦役都多达几十万人，整个秦帝国仿佛就是一个繁忙的大工地。

即便如此，秦始皇依然不满足，公元前212年，秦王朝又一项重大工程——阿房宫正式动工。《史记》中记载："始皇以为咸阳人多，先王之宫廷小……乃营作朝宫渭南上林苑中。先作前殿阿房，东西五百步，南北五十丈，上可以坐万人，下可以建五丈旗。周驰为阁道，自殿下直抵南山。表南山之颠（同"巅"）以为阙。为复道，自阿房渡渭，属之咸阳，以象天极阁道绝汉抵营室也。"可见阿房宫规模之庞大，实在令人侧目！

根据这段记载可以看出，在秦始皇眼中，阿房宫不仅是秦朝的政治核心，更是秦始皇对都城咸阳的完整规划。秦始皇希望在距阿房宫20公里的钟南山上修建门阙，作为咸阳南大门；然后在二者之间架起阁道，一个空中走廊将北渡渭水，与咸阳宫城连接。咸阳宫象征天帝居住的紫微宫，渭水好比银河，天帝可以从天极即极庙出来，经过阁道，横渡天河而达于紫微宫——阿房宫，这实际上是一座按天象规划的都城！

秦始皇晚年好求仙，曾说："吾慕真人，自谓'真人'，不称'朕'。"他还下令将咸阳之旁二百里内宫观用二百七十复道甬道相连，并用帷帐、钟鼓、

**秦咸阳宫壁画**

壁画在咸阳宫殿廊东西坎墙墙壁上，线条流畅而劲健，形象奇异生动。

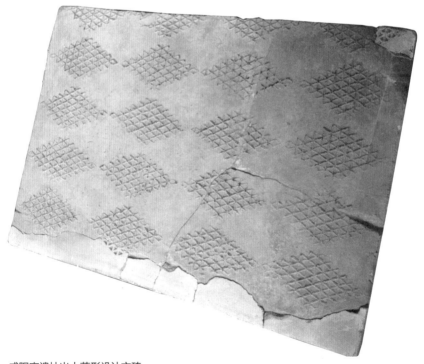

咸阳宫遗址出土菱形设计方砖

美人充斥其中。阿房宫如此设计，不知是否也与此有关。

通过考古发掘，考古人员发现阿房宫前殿夯土基址东西长 1270 米、南北宽 426 米、最高处达 12 米、总面积 55 万平方米，是之前发现的咸阳"一号宫"的一百倍，甚至比牛羊沟整座城的面积还大！也比世界上现今最大的广场——天安门广场还要大！如果阿房宫建成，那将是何等令人震撼的景象！

考古人员对阿房宫的发掘寄予厚望，它实在太著名、太神秘了！然而，令人惊奇的是，经过一番发掘后，考古学家发现阿房宫只有夯土地基，并无地面建筑。为求严谨，考古学家从前殿夯土基址向东、南、西、北四个方向辐射勘探，得到的结果竟完全一致：阿房宫只有一个前殿的夯土基址！历史上大名鼎鼎的阿房宫竟是个未完成的工程！

其实，阿房宫的"半途而废"既在意料之外，又在情理之中。在史籍资料中，也可以发现阿房宫未完成的蛛丝马迹。在阿房宫开始修建的第二年，即公元前 210 年，秦始皇在巡游途中病逝。秦朝大量的人力、物力都被征调去修建秦始皇陵墓，阿房宫的营建也陷入停顿。

公元前 209 年四月，在秦始皇的骊山墓修建完毕后，秦二世下令继续营建阿房宫。《史记》中记载："二世还至咸阳，曰：'先帝为咸阳朝廷小，故营阿房宫为室堂。未就，会上崩，罢其作者，复土郦（同"骊"）山。郦山事大毕，今释阿房宫弗就，则是章先帝举事过也。'复作阿房宫。"然而，仅仅三个月后，陈胜、吴广起义，秦朝政局也陷入动荡。

公元前 208 年冬，右丞相冯去疾、左丞相李斯、将军冯劫劝阻秦二世停止修建阿房宫，却被秦二世治罪。到此为止，阿房宫应该还处于修建的过程中。但在公元前 207 年八月，赵高逼秦二世自杀，此时，阿房宫的修建可能已经陷入停顿。十月，子婴出降，刘邦进入咸阳，秦朝宣告灭亡。数月后，项羽进入咸阳，屠烧咸阳秦宫室，阿房宫也随之灰飞烟灭。

看来，唐代诗人杜牧在《阿房宫赋》中所说的"覆压三百余里……五步一楼，十步一阁"的说法，只是出于自己的想象！不过，杜牧的文章也并非空穴来风，阿房宫虽未建成，咸阳宫却是真实存在的，其文章中的用语，用来形容咸阳宫也并不为过。

清　袁江　阿房宫图（一）

此幅画以秦始皇三十五年（公元前212年）兴建的阿房宫为题。画家凭借自己精深的古建知识和丰富的想象力，使一组组已经逝去的带有神秘色彩的建筑得以再现。

**清　袁江　阿房宫图（二）**

此图使用 12 条通景屏的表现手法，充分利用画面的宽度与广度，再现了阿房宫当年的恢宏气势，将华贵绮丽的画风发挥到极致。

# 咸阳一炬

自二十世纪七十年代末发掘出"一号宫"宫城后，考古人员就试图确认咸阳城墙的具体位置，因此不断将探索范围扩大，甚至扩大到了史书记载的离宫范围。

1989年，在距咸阳市六公里的古沙河桥上，考古人员幸运地发现了两座秦代桥梁遗迹，其中比较完整的一号桥长度300米、宽22米，已发掘出的16排112根木桩，直径至少40厘米。这些枯燥的数字似乎并不能给人一个直观的印象，那么就与现代的建筑来做一下对比。南京长江大桥是中国桥梁建设的里程碑，是新中国技术成就与现代化的象征，这座桥长4589米、车行道宽15米，可并行4辆大型汽车，再加上两侧各2米宽的人行道，总体宽度也只有19米。而两千多年前的古沙河桥，只不过是秦帝国通往上林苑中几座离宫的普通桥梁，就已宽达22米。不仅如此，在桥末端河道内还有7件U形长槽的铁质铸件，每件重2～3吨；桥南还发现长达116厘米、重达32.5公斤的装饰性铜构件。如此庞大的装饰附件，也让人无法想象桥本身究竟有多大。

因此，考古学家认为秦咸阳城很可能根本没有城墙，"一号宫"所在是初建时的咸阳宫城，其他主要宫殿还包括兰池宫、望夷宫、极庙等，都分布在咸阳城周边。这实际上是一个大型的闭合圈，它西起塔儿坡、经咸阳塬东北行至泾渭交汇处，折向南过渭河，斜穿东北角极庙和西北角一系列宫殿。整个范围以咸阳为中心，离宫上百，直径80余公里。如果这样一个区域，全部算作咸阳都城，那它已是汉长安城的上百倍！如此看来，咸阳城的城墙确实不太可能存在，如此广阔的范围，似乎也没有必要修建一个外郭城。

部分学者认为，咸阳城的外郭城以自然地形作为基础，整个关中地区都是它的都城，南边的秦岭、西边的陇山、北边的北部山系和东边的崤山黄河则是它的外部屏障。实际上，秦在关中地区修了三百多个离宫别馆，而且这些离宫别馆之间都用各种道路如复道、甬道、阁道等连接在一起，如此看来，秦咸阳城已经如现代大都市一样，形成了以中央宫殿为中心的都市圈。

今天，当站在咸阳宫高高的夯土台基上，去追昔第一帝国的背影时，我们不禁感慨，没有秦始皇就没有统一的中国，也就没有博大恢宏的咸阳宫。两千多年间，咸阳城的宫殿早已不见，成片的农田和长满杂草的荒野成了这里的主要风光。若非考古学家的发现，谁能想到在这片看似平常的土地上，曾屹立着咸阳城壮丽的宫殿、高耸的阁楼，天下的财富曾尽集于此。在这片土地上，又发生过多少历史上惊天动地的大事！不过，随着项羽的一把大火，曾见证这一切的咸阳城也随之灰飞烟灭，消失在了历史的长河之中。

秦咸阳宫壁画

# 第二章
# 风云未央宫

# 汉都长安

西安位于中国的中部，是世界四大古都之一，也是中国古都之首，有十三朝的古都都建在这里。在西安建都的历代王朝中，汉朝是中国历史上强盛的朝代之一，那些遗留下来的古城墙，无不在诉说着它的古老历史和昔日辉煌。

在西安市区西北约三公里的郊外，是两千多年前西汉帝国的都城长安所在地，它的皇宫未央宫就深埋于此。未央宫是我国古代规模最大的宫城，据考古专家探测，它的面积是现今北京紫禁城的六倍之大，其中亭台楼榭、山水沧池，壮观程度无与伦比，它的建筑形制深刻影响了后世中国的工程建筑，也奠定了中国两千余年宫殿建筑的基本格局。

现如今，汉帝国的未央宫已不复存在，我们只能从考古遗迹和史料典籍中，窥见两千年前那个王朝的身影。

公元前202年，一个身穿布衣一身灰尘的人，在侍卫好奇的目光中，走进了刘邦在洛阳的大内，他是齐地的平民娄敬，正随队伍去戍边路过洛阳，听人说刘邦在此他便前来觐见。刘邦望着这个衣衫破旧的人有些惊讶，他没想到娄敬是因为定都的事来觐见他。

三个月前，刘邦刚刚在定陶登基称帝，对于日后定都哪里，他和大臣们已经讨论多次，大臣的意见是定都洛阳。当刘邦即将决定定都洛阳的时候，没想到娄敬竟然建议他定都秦故地咸阳的长安县，娄敬的话在刘邦的心里激起了重重涟漪。

定都洛阳还是定都关中的长安，刘邦一时无法做出决定，娄敬的一句话反复在刘邦的耳边回响，娄敬说："如果陛下能够建都关中，即使华山以东纷乱，秦国的故地仍然可以保全。"娄敬这句话说到了刘邦的心坎上，华山以东正是刘邦最担心的地方，这里属于关东之地，也是富庶之地，周朝的首都洛阳便在这里，刘邦的大臣们很多就是在这里起家的。随着楚汉战争形势的明了，跟随刘邦起家打天下的大臣越来越拥兵自重，以韩信和彭越为首的武将甚至和刘邦订立事成分地的约言，这令刘邦深以为忧。现在西汉政权刚刚建立，定都的事关系到帝国基业，刘邦不能不想到以韩信为首的武将重臣对西汉新生政权的威胁。

娄敬的一番肺腑之言让刘邦不得不重新思考定都的事，刘邦就娄敬提出定都咸阳长安的事征求大臣们的意见，遭到大臣们的反对，大臣们仍然坚持定都关东之地洛阳，他们的理由是周朝定都洛阳，王朝延续了几百年，秦朝建都咸阳传位不过二代就亡了。虽然有诸位大臣反对，但留侯张良却支持刘邦，他分析了入关的种种便利，刘邦当即便决定移驾关中，建都长安。

公元前200年，西汉定都长安，也就是咸阳的长安县。这里与秦代都城咸阳隔河相对，有秦代离宫兴乐宫，刘邦将其改建为长乐宫并居住在这里，同时命丞相萧何在长乐宫的西面兴建皇宫未央宫。

公元前198年的一天，刘邦领兵作战归来，一身征尘未洗便被丞相萧何兴冲冲地拽到刚修建完的未央宫前。看到富丽堂

**明 佚名 刘邦像**

中国历史上杰出的政治家、战略家，汉朝开国皇帝。

**清 佚名 萧何像**

西汉开国功臣、政治家，"汉初三杰"之一。

皇的未央宫前殿，刘邦脸色大变，他愤怒地质问萧何："天下还未平定，成败还未可知，为何要建造如此豪华的宫室？"对于刘邦的反应，萧何早有预料。趁着刘邦说话的间隙，萧何对刘邦说："天子以四海为家，非壮丽不足以表示天子的威严。"萧何的话说到了刘邦的心坎上，让刘邦瞬间转怒为喜，对这座宫殿有了更多期待。

公元前 197 年的一天，一片欢笑声从未央宫前殿中传出，借着未央宫建成之机，刘邦为自己的父亲办了一个盛大的寿宴。只见刘邦捧着玉杯笑着来到太上皇面前问道："我年轻的时候您总是说我不务正业，不如二哥，现在我成就的产业和我二哥相比，谁的大？"这位出身卑微的父亲做梦也没有想到，自己最没有出息的小儿子居然有一天做了皇上。对于儿子的提问，他只当是玩笑，并没有回答。

刘邦的话并没有引起父亲的在意，他没有想到已经做了皇帝的儿子，内心依然会在意人们用怎样的眼光看待他的出身。这位老父亲绝不会想到儿子的这种微妙心理，竟然会导致帝国的政权走向一个偏离常规的格局。

夜幕降临，刘邦站在未央宫前殿望着头顶的星空和无尽的宫殿，难以按捺胸中的豪情，"夜如何其？夜未央"，《诗经》中的这两句诗引起了他无限的遐想。未央宫的"未央"正是取未尽之意，眼前的未央宫金碧辉煌、一望无际，在刘邦的眼里，它象征着自己的光辉人生，象征着皇权的永不衰落。

## 风云未央

二十世纪六十年代，中国社科院考古所的专家踏上了汉长安城的遗址，对汉长安城的遗址进行了多次挖掘。二十世纪八十年代，以刘庆柱、李毓芳为首的考古专家开始了对西汉皇宫未央宫的考古发掘。

史籍中并未详细记载未央宫的修建经过，只有一些史籍零散记述着未央宫于刘邦时建成，此后又经过数位西汉皇帝的修补增筑。现如今，未央宫已经变为一片荒野，地面上也找不到它的城墙遗迹。为了弄清未央宫的实际面积，考古专家对埋在地下的城墙遗址进行了钻探。结果令人惊讶，这座已化为废墟的皇宫周长8800米，有5平方公里的面积，是明清故宫的六倍之大，这也意味着未央宫是我国古代规模最大的宫殿建筑工程。

随着考古发掘工作的深入，考古专家发现在未央宫宫殿入口处有两座高大的阙直插云霄、威风凛凛。阙在周朝时期便已出现，主要用于帝王建筑之中，汉代崇尚厚葬，所以除宫殿外，陵墓的入口处也会建阙。在宫殿入口处建阙，主要是为了让百官见阙后反省自己的不足，并以此显现出帝王的威严。经阙走上层层高台后，便可以来到未央宫的前殿。

据史书记载，未央宫前殿是以龙首山丘陵为殿台加工夯筑的。在考古发掘中，考古专家经过钻探发现了一个东西约200米、南北约400米的台基，在台基之上还发现了南北排列的长方形台基，未央宫的前殿以及高居北部的附属建筑后阁，就整齐地排列在这些台基之上。

通常情况下，皇帝登基、接受朝谒等重大活动都会在前殿举行，汉武帝时张骞出使西域、汉宣帝时昭君和亲，匈奴就是从这里出发的。前殿北面有一座宫殿，叫宣室殿，是西汉时期除刘邦以外各个皇帝的正寝，这里也是西汉皇帝办公的地方，皇帝经常会在这里召见大臣讨论政事，其他闲杂人等即使是皇亲国戚也不能随便入内。而在更北面，也是未央宫的最高处，便是后阁，这里是皇帝下朝之后临时休息和换衣服的地方。

早在商朝时期，帝王宫室便被分为处理政务的前朝和生活起居的后寝两部分，未央宫前殿的布局也很好地反映出了前朝后寝的布局原则。未央宫三大殿的排列方式深刻影响了我国古代宫城中主要宫殿的方位配置，也奠定了此后三千余年宫殿建筑的基本结构。

除了前朝后寝外，未央宫的修建还很好地展现了我国古代的"尚中"思想。经过钻探，考古专家发现未央宫前殿正好位于未央宫的中间位置，其与东、南、西、北四个方向宫墙的距离都在1200米左右。

我国自古便有"尚中"思想，天子居中心至尊之位就意味着替天行道，行事正大光明，这种观念主要是受到儒家中庸思想的影响，最早贯彻这一

**明 仇英 汉宫春晓图（局部）**

《汉宫春晓图》以春日晨曦中的汉代宫廷为题，用长卷的形式描绘后宫佳丽百态。其建筑恢宏气派，雍容典雅。

"尚中"原则的是周朝周王城的规划，后来各个朝代都承袭了周朝"尚中"的思想。

在进一步钻探后，考古专家绘出了未央宫的平面布局图，发现未央宫不仅择中建造宫殿，而且还将整体布局设计成了方形结构，集中体现了我国古代工程建筑"择中崇方"的观点。"天圆地方"是我国古代阴阳学中的观念，从春秋战国时期便已经出现，历代统治者都利用这一观念来证实自身统治的合法性，维护封建皇权的稳定。

未央宫"择中崇方"的这一切特点，都是帝王在皇宫的建筑上打下的皇权至上的烙印，他们希冀用建筑来延续王权无尽的梦想，但令考古专家没有想到的是，平民出身的皇帝刘邦居然还用另外一种手段，在皇宫的地下延续着他帝业无尽的春秋大梦。

在进一步发掘中，考古专家在未央宫前殿的北面发现了椒房殿的遗址。椒房殿是皇后居住的宫殿，史籍中记载因为用花椒和泥涂在墙壁上使屋内散发出清香，所以古代便把皇后居住的宫殿称为椒房殿。未央宫在未建成之前，刘邦与吕后一直居住在长乐宫，未央宫中的椒房殿则是吕后之后的皇后们居住的地方。

考古专家发现的这一椒房殿遗址由正殿、配殿和附属房屋建筑三部分组成，与未央宫前殿一样都是坐北朝南，分正寝和燕寝两部分，显示出了皇后那一人之下万人之上的权力。在椒房殿遗址中，考古专家还发现了大量圆形瓦当，其上绘有文字、动物、植物、云纹等纹饰。刻有"长生无极"的文字瓦当吸引了专家的注意，这些文字瓦当与杜陵考古中发现的"长乐未央"文字瓦当很像，应该是专用于后宫的瓦当。

正当考古专家专注于清理椒房殿遗址中的文物时，一个突然的发现令考古专家眼前一亮。这一天，考古发掘进行到了椒房殿的配殿区，在这座配殿区的地下，考古专家发现了一些秘密通道，这些通道都用方砖铺地纵横穿行于宫殿地面以下，与宫殿相连。

见识过许多古代都城的考古专家，从来没有见过在宫殿下修建秘密通道的，西汉的帝王们建造这些秘密通道究竟是为什么？专家们一时无法得出结论。就在此时，从长安城中另一个重要宫殿——皇太后居住的宫殿长乐宫考古现场，传来了一个令人震惊的消息。

# 汉宫阴云

对于皇后宫殿地下的这些秘密通道，考古专家百思不解，如果说它们是皇帝用于私情的，依照皇帝和皇后的权势似乎也用不着这样，那么它们到底是用来做什么的呢？

就在考古专家疑惑不解的时候，从未央宫西部的皇太后居住的宫殿长乐宫考古现场传来一个令人震惊的消息，考古人员在长乐宫也发现了秘密通道，紧接着，在未央宫后宫区的后妃宫殿桂宫也发现了秘密通道。

长乐宫是刘邦根据兴乐宫改建的，建在未央宫之前，看来那时起刘邦便有了修建秘密地道的打算，也许刘邦在建未央宫之前就已经对一些事情有所觉察，从而提前做好准备。究竟是什么事情需要堂堂一国之君利用地道来秘密行事呢？

公元前195年春，一个下人被带进了吕后所在的宫殿长乐宫，这个人自称是韩信府上门客的弟弟，他告诉吕后淮阴侯韩信要在关中谋反。听到这个消息，吕后异常愤怒。此时刘邦正在邯郸与反叛的赵相国陈豨作战，没想到韩信竟然在这个节骨眼上准备谋反。

韩信握有重兵，一直以来都是刘邦的心头隐患。面对此种情况，吕后召见了萧何，打算让这位富有智慧的丞相为自己出谋划策。面对吕后的处境，萧何献出一计诱杀韩信，吕后虽未明言以对，但她身上透出的杀机说明她已经做出了决策。

这天，萧何奉吕后命令跑到韩信家中，告诉他陈豨已经被刘邦捉住了，大臣们都要去吕后面前道贺，久已装病不朝的韩信只好随萧何进入长乐宫。简单收拾一番后，韩信随萧何来到长乐宫的回廊，此刻的韩信并没有心情欣赏长乐宫的美景，他没想到自己与赵相国陈豨相约反叛，还没等自己起兵，陈豨已然兵败。但韩信不知道的是，陈豨兵败被捉的消息是假的，他正在一步步走入吕后和萧何设好的圈套之中。

就在韩信刚刚踏进长乐宫的一刹那，两个卫兵突然扑过来，将韩信死死按在地上。面对吕后，将要被杀的韩信大骂："真没想到，我一个堂堂大丈夫，竟然被一个妇人所杀。"

刘邦平定了陈豨的叛乱带着箭伤回到了京城，吕后向刘邦述说了杀死韩信的经过：她把韩信装在麻袋之中，悬挂于室内，并让宫女用竹子将韩信活活戳死。为什么要这样做？原来，韩信在刘邦建国过程中屡立大功，刘邦曾许诺韩信"三不死"，即见天不死、见地不死、见铁不死。为了不让刘邦失信于人，所以吕后才将韩信装入麻袋之中，让他看不见天也看不见地，同时也不使用兵器，而用竹子将韩信戳死。

这段广为流传的故事为一代兵仙的死增添了一分悲剧色彩，知道韩信被杀，刘邦的内心也颇为复杂。据《史记》记载，刘邦的内心"且喜且怜"，喜的是除掉了威胁江山社稷的隐患，怜的是一代将才的陨落。其实，除了这两种情绪外，刘邦内心还升起了一丝恐惧与不安。望着吕后渐渐远去的背影，刘邦隐约感觉到这个女人心中的欲望很大，刘邦没想到这个女人从此开启了一扇欲望之门，这扇门借助他修的地道通向了无限幽暗与恐怖之处。

其实，对于吕后的野心，刘邦早已察觉。一次在未央宫的酒宴上，有四个白发苍苍的老人前来朝见刘邦，这四位老人便是因为品行高洁、银须皓首、隐居商山，而被世人称为"商山四皓"的四位贤者。刘邦立国后，多次邀请这四位贤者出山辅佐帝业，却全都遭到拒绝，没想到这一次他们竟然主动表示愿意辅佐现在的太子，也就是吕后的儿子惠帝。

刘邦很清楚，这一定是吕后的伎俩。自受箭伤以来，刘邦的身体每况愈下，自知时日无多，刘邦便想废掉现在的太子，改立宠姬戚夫人的儿子赵王如意为太子，但由于大臣们的劝阻，这一想法一直未能实现。现在，吕后将商山四皓请来辅佐太子，刘邦就更没办法再废掉太子了。

刘邦伤感异常，他知道自己走后戚夫人母子一定会被吕后所害，但自己

清 黄慎 商山四皓图

此图描绘的是秦末东园公、绮里季、夏黄公、甪里隐于商山的故事。四人皆80高龄，为避秦暴政而隐居商山，时人称之为「商山四皓」。

清 毕沅 汉长乐未央宫图

此图是清代毕沅据古籍考证后绘出的西汉长安城之长乐、未央、建章宫的各殿分布示意图。

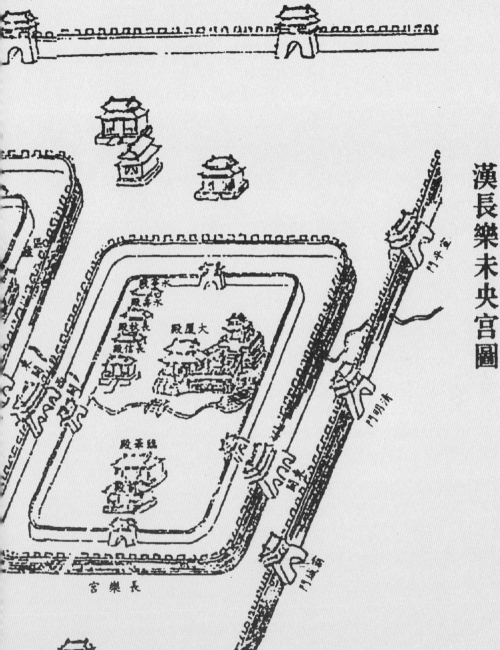

厨城門　　　洛城門

漢長樂未央宮圖

大廈殿

長秋殿

長樂宮

廈章門

重門

却又无计可施。身为一代帝王，却仍不能顺心如意，刘邦只得让戚夫人伴舞，自己则将伤感寄托在歌声之中：鸿鹄鸟往高飞，一飞就是千里，它羽翼已长成，可以纵横四海，它能纵横四海，你又能奈它何？

公元前 194 年，刘邦崩于长乐宫，吕后对此秘而不宣，刘邦的宠姬戚夫人则悲痛难眠，她知道刘邦已经弃自己和儿子而去，自己也已经时日无多了。汉惠帝即位后，戚夫人被吕后砍断手脚，扔到猪圈之中，汉惠帝虽想尽办法保护自己的哥哥赵王如意，却依然徒劳无功，赵王同样被吕后杀害。与此同时，吕后开始大肆屠杀异姓和刘姓诸侯、分封吕姓诸侯，在吕后专政的几年中，刘姓诸侯几乎被屠杀殆尽，也正是从此开始，汉王朝埋下了女主祸政、外戚干政的隐患。

未央宫里发生的历史事件让考古专家们豁然开朗，刘邦修筑秘密通道也许是和他所经历的这一切有关。这些秘密通道应该是和他的江山社稷联系在一起的。西汉初年，为免重蹈秦二世而亡的覆辙，刘邦一方面选择部分恢复血缘政治分封诸侯王，一方面开始依靠外戚来钳制诸侯王的势力。刘邦既对那些开国大臣不放心，又对跟自己出生入死的兄弟不放心，只能信任自己的枕边人吕后，并依靠吕氏家族这一外戚势力。这也正是刘邦在宫殿之中修筑秘密通道的原因。

皇帝要通过后妃来拉拢外戚势力，支持自己的统治，但这种政治活动是要绝对保密的，不需要让另一方政治势力知道，为此，汉宫地下才会有如此多的地道。在两千多年前，未央宫后宫中的皇后嫔妃和外戚们正是借助于这些地道，进行着他们不可告人的血腥政治活动。

可惜一代帝王机关算尽，本想借助外戚的力量使江山永固，但他却没有想到，这无尽头的地道也延伸了西汉后宫嫔妃们无尽的欲望，她们也想效仿吕后，期望能做一个属于自己的江山大梦。

# 未央之火

西汉帝国强大的经济实力以及灿烂的文明，缔造了规模宏大的未央宫，未央宫的建筑艺术也影响了后世中国的建筑，此时的未央宫已经成为西汉帝国一个强有力的划时代标志。经历高祖刘邦以及西汉诸帝的修补增筑，到汉武帝时，未央宫已达到鼎盛，殿台楼阁达四十多座，长安城也成为与罗马相媲美的世界性大都会。但在这繁华之下，却也潜藏着数不清的危机与隐患。

进入暮年的汉武帝逶巡在华美的未央宫，内心却非常忧虑，由于执政时深受祖母和母亲掣肘的痛苦，他担心自己死后西汉皇权是否还能继续在刘氏宗族中传承。公元前91年，巫蛊之祸事发，太子刘据自杀身亡，此后汉武帝便一直未立太子。公元前89年，汉武帝想要将年幼的儿子刘弗陵立为太子，于是便将刘弗陵的母亲钩弋夫人打入狱中。寻常人自然是看不懂千古一帝的这番操作的，但若将其与吕后专政之事相联系，也就能够了解汉武帝的良苦用心了。这位英明的帝王和刘邦一样为汉帝国可谓费尽心机，可是外戚干政已经像决堤的口子溃不可挡。

在研究史籍的同时，考古专家们也没有停下考古发掘工作。这天，考古专家在一座建筑的半地下房屋内，清理出土了上百件封泥，其中有四五十件都是汤官饮监章封泥，集中在传达室之中，这引起了专家们的注意。

封泥又被称为"泥封"，是古代用印遗留下来的干燥坚硬的泥团。汤官饮监章封泥则是负责监督皇宫饮食的饮监专用印章留下的泥团。这些汤官饮监章是做什么用的，它们又为何会出现在这个地方呢？

据考古专家介绍，这些古代封泥相当于现代的封条，餐食在送到皇帝的餐桌上前要有专人负责查验，查验无误后，负责人需要用软泥将餐食封住，然后再盖上自己的印章。从出土的汤官饮监章来看，当前专家们发掘的四号建筑遗址，应该就是未央宫的少府遗址。少府是汉代九卿之一，专门负责管理皇室财政和皇宫供养。在少府遗址内，考古专家还发现了大量的王莽货币，这说明这一少府建筑至少在王莽时期还在被使用。

公元 8 年，一个年轻的外戚王莽崭露头角，他以摄政名义据天子之位，获得了许多人的拥护，也最终敲响了西汉王朝灭亡的丧钟。这一年，他让自己的儿子在未央宫逼迫太皇太后交出了玉玺，王莽的姑姑王太后没想到自己费尽心机亲手提携的侄子，竟然有一天要与自己争权。公元 9 年，王莽篡位称帝，改国号为新，并托古改制，下令变法。至此，未央宫的命运也即将走到尽头。

在进一步发掘中，考古专家在一处封闭式的大型院落建筑中发现了五万多片极小的骨签。这些骨签看上去很像饰品，长五到七厘米，宽二三厘米，上面布满土锈。这些小小的骨签到底是做什么用的？考古人员一时得不出结论，然而当他们把骨签拿到室内经过处理去掉土锈后，竟有了令人惊奇的发现。

考古专家发现这些骨签上面刻满了字，但字迹很小，必须借助放大镜才能仔细辨认。在那样一个久远的年代，人们都是借助木简来书写的，而费尽力气在这些坚硬的骨头上刻字，一定是想保存一些秘密或者极其重要的内容，那么这些秘密的内容到底是什么呢？

考古专家联想起骨签的出土位置，它们大多出土于房屋之内，而且多集中分布在房屋的墙体旁边，如此来说，这些骨签应该是放置在房屋内靠墙而立的架子上，随着房子的倒塌，这些架子上的骨签也都散落在房内墙的四周。

**清 佚名 王莽像**

王莽一直是一位备受争议的人物。古代史学家以"正统"的观念，认为其是篡位的"巨奸"，但近代被很多史学家誉为"中国历史上第一位社会改革家"。

这之后，考古专家仔细辨认了骨签上面的字迹，试图通过骨签上刻着的微型字迹，来探明这些小小骨签所隐藏的秘密。然而这些字迹由于微小很难辨认，在这些长只有五到七厘米的骨签上刻字最少的有四行，而刻字多的竟达四十四个字。根据刻字内容，考古专家认定这些骨签上记录的都是关于武器的问题，上面有年代、人名、官名，应当是各地为中央制造武器所做的记录。据此，考古专家断定，这些骨签是作为秘密档案保存下来的，而这组宫殿则是汉代中央官署遗址，其主要职能就是收藏作为国家或宫廷档案的骨签。

未央宫中央官署出土的骨签，被誉为汉代考古的重大发现，因为骨签的文字内容直接与皇室和中央政府有关，意义非同一般。此后考古专家还陆续挖掘出未央宫的角楼，从角楼出土的兵器，可以想见两千年前未央宫的戒备是多么森严。然而即使有如此严格的军事保卫措施，也未能令未央宫逃脱覆灭的厄运。

王莽推行变法几个月后，农民起义军攻进长安城，王莽被逼至未央宫掖庭，终被起义军杀死，未央宫因遭到大火的焚烧，此后日渐衰微。数百年后，唐代诗人李白来到未央宫，望着咸阳古道、西风残阙写下了千古名篇《忆秦娥·箫声咽》：

　　箫声咽，秦娥梦断秦楼月。秦楼月，年年柳色，灞陵伤别。乐游原上清秋节，咸阳古道音尘绝。音尘绝，西风残照，汉家陵阙。

# 第三章
# 永宁寺塔

# 凭空消失的木塔

河南省洛阳市，古称洛邑、神都等，是我国国家级历史文化名城，也是华夏文明的重要发祥地之一，距今已有 5000 多年的文明史。洛阳居于天下之中，素有九州腹地之称，因其特殊的地理位置，成为我国历史最长、建都最早、经历朝代最多的城市。从夏朝到后梁，洛阳一共经历了十三个王朝，跨越了 3000 年的历史。在相当长的一段时间内，它都是我国的政治、经济、文化中心，与西安和开封并称为我国三大古都。

洛阳现有二里头遗址、偃师商城遗址、东周王城遗址、汉魏洛阳城遗址、隋唐洛阳城遗址等五大都城遗址，并有丝绸之路、龙门石窟、中国大运河等六处世界级文化遗产。在约 1800 年前的汉魏时期，洛阳已经成为一座国际化大都市，是中原大地上的文化名城，长久以来一直扮演着极其重要的历史角色。

如今，洛阳曾经的繁华蒙上了岁月的痕迹，不少汉魏遗迹已经掩埋地下，但深埋它的地点并不是在现在的洛阳市中心，而是在洛阳城东 15 公里左右的地方，那里曾经经历了从东汉到北魏的四个朝代，共有 28 位君王在此处指点江山，是我国古代极为重要的都城。权力的变迁向来伴随着战争，在数百年的纷争中，这座鼎盛时期方圆 100 平方公里的城市，最终在战乱中化作了废墟。

中国社会科学院洛阳考古研究所的钱国祥先生，主持洛阳汉魏故城的考古勘察工作已有约三十年的时间，是洛阳汉魏故城发掘队的队长，他对汉魏故城中的建筑分布和规模都有着详尽的了解。据钱先生了解，北魏在汉、东汉、魏晋时期的大城基础上，向外增扩了 20 里的外郭城，至此形成了面积最大的空前繁荣时期，在古代历史上占据着重要的地位。

在关于北魏时期的种种传说中，有这样一个说法引起了考古人员的注意。

相传在洛阳城内皇宫的东南侧，坐落着一座巨大的永宁寺院，这座寺院的规模极其庞大，仅僧人居住的房间就有一千多间，正殿更是像皇宫中的太极殿一样宏大雄伟，统治者会在这里举行礼佛仪式和重大法事活动。但如今，这座见证王朝兴衰的宝塔未屹立在洛阳城中，我们只能在匪夷所思的惊世传说中窥探着它的身影。

据记载，永宁寺塔是当时世界上最高的木塔，这不禁让我们想到了位于山西省朔州市应县的应县木塔。应县木塔，是一座高达 67.31 米的木塔，全塔采用卯榫结构，没有用到一块石子和一根铁钉，历经千年风霜仍旧屹立不倒，是世界上现存最古老、最高的木塔。那么，同样是木塔，为什么应县木塔至今可见，而永宁寺塔却不见了踪影呢？

1962 年，中国社会科学院考古研究所开始对洛阳故城进行全面勘探，并寻找这座传说中的永宁寺塔。首先，考古队员对故城内的村民展开了走访和调查，希望能够找到关于永宁寺塔的蛛丝马迹。然而，村民表明这里并未有宝塔或者寺院的痕迹，只有一个皇陵。这不禁让考古队员开始怀疑永宁寺塔的真实性。可若非真实存在，为什么北朝散文著作双壁《水经注》和《洛阳伽蓝记》中都记载了永宁寺的存在呢？

永宁寺塔复原图

"水西有永宁寺，熙平中始创也。作九层浮图，浮图下基方十四丈，自金露槃下至地四十九丈，取法代都七级，而又高广之，虽二京之盛，五都之富，利刹灵图，未有若斯之构。"这是《水经注》中关于永宁寺的记载，而《洛阳伽蓝记》则更为详细地记载了永宁寺在洛阳宫前阊阖门内南一里御道西侧，这个位置与村民所说的皇陵有着惊人的相似。

在这些巧合之下，考古队员们决定对这个皇陵进行简单的探查。在初步勘探之后，人们发现在这个遗迹下方，竟然隐藏着很深的夯土层，面积达到了一万平方米。继而，研究人员对这里索取的土壤进行了检测，发现这并不是东汉时期的土壤，而属于北魏时期，这里很可能就是永宁寺曾经的位置，而那座辉煌的宝塔就坐落其中，在历史变迁中遭遇了劫难。

虽然，我们如今无法从直观的视觉上来感受汉魏故城和永宁寺塔的雄伟壮观，但谁也不能否认这些辉煌的曾经存在。这个以"永宁"为名的寺庙和宝塔，虽然没有得到真正的安宁，但其对天下太平、人民安乐的美好愿景却历代相传，一直延续至今。

# 重见天日的汉魏遗址

为了找到永宁寺塔存在的真相，研究人员翻阅了大量的资料，并进行了长时间的探索。功夫不负有心人，研究人员终于发现了掩藏在地下的历史遗迹。

1979 年，考古人员根据二十世纪六十年代的勘察结果，对永宁寺塔的这片遗址开始进行全面发掘。当考古队在这个足足一万平方米的夯土层上进行挖掘时，他们发现这里不仅面积巨大，深度也达到了六米。为了弄清这个夯土层的真相，考古人员挖出了一条解剖沟，对它进行了彻底的发掘和探查。

在这条解剖沟中，考古人员发现这是一个由地面开始，向下挖出坑槽后，再用黄土逐层夯筑而成的地下基础。白灰、细沙、黄土混合构成了地基夯土的表层硬面，而这个硬面自塔基周围向四面坡下，形成了基座周围较高、周边略低的缓坡带。考古人员猜测，这应该是当初建筑者为了方便排水的刻意所为。同时，考古人员还发现，这层硬面底下的每层夯土厚度都达到了 8 ～ 15 厘米，底部平铺着碎石和残砖，在接近遗迹中心位置的地方，还存在着很多典型佛教题材的瓦当和大批泥塑残件。另外，一些建筑材料也夹杂其中。

在这次发掘中，这里出土了一些泥塑的供养人像和佛像。这些塑像虽然已经残破不堪，但仍旧可以看出它们当时制作的精美。从土中瓦片的种类来看，考古人员确定这些都是北魏的光面瓦，其制作非常精良，体量也比较大。

在对地面进行研究的同时，考古人员对遗址的中心位置也进行了勘测，经过测量发现，处于夯土层中心位置的土堆是一个呈正方形的规则土台，它的边长约为 38 米，光基座的高度就达到了 2.2 米。整个基座崩塌、磨损得比较厉害，但研究人员在其东面，发现了八九处安装螭首的坑槽。因此，考古人员对这个遗址的身份更有信心了，这里大概就是永宁寺塔的遗址。

考古人员对基座进行了清理，而后发现其中心位置的凸起是用土坯砌筑而成的方形实体，这些土坯用草拌泥的方式制作而成，紧密、规则地排列着。考古人员对这个方形实体进行清理后，发现在其东面、西面和南面各有五个略微内凹的圆弧形，这些形状都有着明显的人工处理痕迹，并不是雨水等自然原因造成的。同时，在土坯的这三个方向上，考古人员还发现了类似壁龛形式的弧形痕迹，经过与出土的塑像进行推测比对，研究人员认定这里并不是村民所说的皇帝陵墓，而是永宁寺塔的遗址。

随着遗址的发现，古籍中的记载也再次走进人们的视野。这座宝塔始建于 516 年，由当时笃信佛法的灵太后胡氏主持修建，是专供皇帝、太后礼佛的场所，永宁寺因其惊人的体量，是当时洛阳最突出的景观，也在众多寺院中占据着首席的位置。

《洛阳伽蓝记》中记载永宁寺塔"举高九十丈"，换算成今天的单位有 270 余米高，已经达到了现代超高层建筑的高度，这在当时显然是不可能达到的。而《水经注》记述永宁寺塔"自金露槃下至地四十九丈"，即为 130 余米，这个数字对于高度起止位置交代得较为清晰，估计当时确实进行了一番实地测量。这一高度，在《魏书·释老志》中也得到了印证，相比较为可信。

然而，这座比辽代应县木塔早了五百年，高出一倍多的木塔却并没能坚持多久的时间。528年，主持修建永宁寺塔的灵太后胡氏在河阴之变中被尔朱荣扔进黄河中溺亡，六年之后，永宁寺塔也走向了生命的终结。根据记载，534年2月，在永宁寺塔建造的第十八年，洛阳的天空下起了夹杂着冰雹和雪粒的大雨，木塔第八层遭雷击后起火。大火借助风势，很快在木塔上蔓延开来，北魏孝武帝得知险情后，立刻派遣人员救火，但由于登塔楼梯狭窄，救火设备有限，士兵们不得不放弃救火，与洛阳城中的百姓和僧侣一起，万分遗憾和悲痛地看着宝塔焚毁。《洛阳伽蓝记》中记载这场大火烧了三个月，一年之后空气中似乎还弥漫着烟气，而北魏也很快分裂成东魏和西魏，一个王朝就此陨落。

由于中国古代高等建筑多采用木质结构，且当时的防火避雷技术较为落后，包括永宁寺塔在内的不少建筑，都难逃损毁的命运，它们消失得仿佛从未在世间出现过一般。永宁寺塔见证了灵太后云谲波诡的政治生涯，又在国家分裂之前遭到焚毁，可以说，它经历了北魏王朝由盛转衰的全过程。作为北魏的国寺和其皇族的象征，永宁寺塔即便不被雷火击中，也很可能在战火中损毁，似乎从它存在的那一刻起，悲惨的命运就已经刻在了其每一块木头上。

现在，我们已经无法目睹永宁寺塔的辉煌，只能面对着这些重见天日的遗迹，想象着这座恢宏高大的神宫。而这座曾经高耸的宝塔，作为我国古代劳动人民智慧的结晶，能够带给人们的，不仅是当时难以企及的高度和精湛的建造技艺，还有给人们带来的心灵上的震撼与感动。

# 佛教圣地永宁寺

当我们走进寺庙或者佛堂，总能在正殿上看到供奉着的佛教创始人——释迦牟尼佛像。相传释迦牟尼在 29 岁时，看透了世间的生老病死和各种苦恼，毅然舍弃了王族生活，选择遍访名师，出家修道。经过六年的苦行，释迦牟尼最终在一棵菩提树下大彻大悟，并建立了自己的宗教信仰。

佛教诞生于古印度，并在那里拥有众多信徒。在信徒的推广下，佛教和佛教建筑都得到了快速的发展和传播。相传东汉时期，汉明帝夜晚梦见了一位身体有金色、脖颈有白光的神人飞在殿前，于是第二天向大臣询问，有人回答这是天竺国叫作佛的得道者，汉明帝因此派遣使者迎请天竺僧人来到洛阳，并于公元 68 年修建了中国第一所官办寺院白马寺。佛教因此传入我国，并经过三国魏晋时期的发展在南北朝时兴盛，成为我国最主要的宗教之一。

白马寺被称为"中国第一古刹"，一直被佛教弟子尊为中国佛教的发源地。寺庙建成后，这里便成为东汉最主要的译经场所，第一部汉文佛经《四十二章经》就是在这里翻译出的，后续汉译本的佛经陆续增多，佛教也在我国得到了更为广泛的传播。白马寺占地辽阔，曾有跑马关山门之说，而记载中的永宁寺却比白马寺还要大上几倍。

经过东汉末年和三国时期的发展，佛教在统治阶层的影响扩大，并开始传向民间。魏晋南北朝时期，由于统治阶层的需要和提倡，佛教得到了较大发展，印度佛教主要派别传入中国，大量佛教经典被翻译过来，当时我国各地广修佛寺，削发出家的僧侣也越来越多。北魏孝文帝改革时，为了更方便地吸收汉文化，他不顾群臣反对，将都城迁到了洛阳，而佛教也随之迎来了历史上的第一个鼎盛时期。

由于皇帝的恩宠，北魏时兴建了很多佛教庙宇，吸引了不少来自其他国家和地区的僧人前来，成为佛教的一方自在天地。最鼎盛时，北魏全国的寺庙多达三万所，僧尼二百余万名。也正是从这时开始，来源于印度的佛教吸收了我国的传统文化，成为适应中国社会并被中国民众所接受的中国宗教。

北魏时，除了建造寺院，还出现了一种汇集建筑、绘画和雕凿艺术的石窟寺，这种石窟艺术随着佛教传播而来，在我国有着千余年的漫长演进历程，而北魏是它发展历史上的第一个高潮。孝文帝在迁都洛阳时，也把云冈石窟

**北魏孝文帝像**

北魏第七位皇帝，中国古代杰出的少数民族政治家、改革家、文学家。

北魏孝文帝迁都石刻

的理念一起带到了洛阳，选择在龙门开凿新的石窟。这一行为开了皇帝支持开凿石窟的先河，当时的达官显贵也纷纷开窟造像，开凿石窟也在当时变得空前盛行。在开凿石窟的同时，北魏也没有放弃对寺庙的修建，洛阳的永宁寺和永宁寺塔，是其中极引人注目的佛教圣地。

相传，佛祖和得道高僧圆寂后，其肉身经过香火焚化会有舍利子出现，最早的佛塔就是为了供奉舍利子而建。在佛教传入我国之前，我国没有塔，也没有"塔"字。当梵文的窣堵波和巴利文的塔婆传入我国时，曾被音译为佛图、浮屠和浮图等词语，又因为古印度的窣堵波是珍藏舍利子和供奉佛经和佛像所用，所以也被意译为圆冢、方坟等。直到隋唐时期，翻译家才创造出"塔"字，并作为统一的译名沿用至今。

永宁寺塔的造型与古印度和尼泊尔的塔并不相同，这是我国古代劳动人民吸收外来佛教艺术，并融合中国传统建筑精华，创造出的独具特色的中国式塔，是具有中国特色的楼阁式佛塔。

在永宁寺塔的遗址中，出土了大量佛教泥塑残像，其中小像居多，多为贴置在墙壁上的菩萨、飞天、比丘和世俗供奉人像等影塑，刻画得极为传神，人物的发型、五官、服饰等内容雕刻得细致生动，是北魏雕塑艺术的精品。除此之外，这里还出土了一些狮子纹的贴砖和莲花纹、莲花化生等图案的瓦当，这些都具有极高的艺术价值和研究价值，也充分证明了永宁寺塔的佛教用途。

佛教在中国发展了几百年后，于唐朝再次迎来了自己的兴盛时期。这时的中国佛教呈现出多种派别，在东南亚和日本等地具有很大的影响力，不少外国僧人来到中国学习佛法，学成后回国便创立了自己的佛教派系。这些派别通常会将中国佛教各宗派大师奉为祖师，将参学的寺院作为这一派别的祖庭。至此，中国佛教各宗派名播域外，对周边国家的宗教和文化艺术都产生了深远影响。

产生于公元前五六世纪之间的佛教，历经分裂、融合、衰微、兴盛的众多磨难和考验，虽然印度佛教已几近消亡，但它却在中国以另一种方式延续下来。经过近两千年的改造，佛教已经完全融入本土文化，在历史上几度成

明　丁云鹏　释迦牟尼图

此画青绿山水的画法绘制环境，描绘的是佛祖释迦牟尼在山崖之间面壁沉思悟道的情景。

为中国哲学、艺术和文化的主流，正是这种强大的包容性，让我们传统的艺术、文化、建筑等内容，至今仍保持着旺盛的生命力。

# 永宁寺塔的建筑美学

"复有金环铺首，殚土木之功，穷造形之巧，佛事精妙，不可思议。绣柱金铺，骇人心目。"这是北魏散文家杨衒之在其著作《洛阳伽蓝记》中对永宁寺的描述。从这些文字中，可以看出永宁寺造型精巧，装饰华贵，拥有极高的艺术价值。

据《洛阳伽蓝记》中的描绘，永宁寺的围墙与皇宫宫墙有着一样的形制，壁间的横木上，都会镶嵌着如金环般排列成串的铜钱。而永宁寺中最辉煌的建筑，就是那座九层木塔，木塔上挂满了珍珠玉饰，金银华贵，是永宁寺最为出众的存在。永宁寺塔华美艳丽、光彩耀人，它的高大雄伟，离开京师百里仍可遥遥相见，它铿锵有力的钟声，方圆十几里都能听到。

中国社会科学院退休研究员杨鸿勋先生，是我国建筑考古学的学科创始人，他一生都对古代建筑保有极高的热情，即使已经退休，也没能改变他多年养成的专业习惯。杨鸿勋对永宁寺塔很有兴趣，曾试图根据文献记载，在脑海中设想出它原本的模样。

永宁寺塔曾是北魏时期最为辉煌的建筑，当我们在面对着永宁寺塔的塔基遗址时，很难想象出它高大壮观的样子。杨鸿勋先生从建筑学的角度，对其高度进行了推算，他根据《水经注·谷水》中的记载，浮屠塔基方十四丈，按照北魏最小前尺换算，约合 39.0334 米，与研究人员实际测量出的 38.2 米台基尺寸误差较小，通过这个比例，对照《水经注》中记载的塔高四十九丈，可以得出永宁寺塔的高度大概为 133.7 米。而这个高度放在当今社会，也是三四十层建筑的高度，这不禁让人怀疑，当时的人们是如何营造出这么高大的建筑的。

北魏时期距今大概有一千五百年的时间，当时的建造水平并不高。如果按照考古专家对永宁寺塔高度的推断，那么它自身的木头重量大概可以达到15000吨，这即便在现代社会，也是一项难以完成的任务。这不禁让人怀疑，永宁寺塔也许并不是一座木塔。那么，要建造一座如此高的佛塔，夯土层的面积将是极其庞大的，但永宁寺塔塔基下方的夯土并没有如此深厚，是不可能通过夯土高台来建造这么高的佛塔的。

我国早期木质结构并不发达，四面结构不稳定，也做不到严丝合缝，所以往往需要依靠夯土墩台来建造房屋，木结构和横梁都需要插在这个上面，并通过逐层缩小的方法往高处建造。在永宁寺塔的发掘现场，考古人员发现，现场除了破碎的瓦片外，在塔基中心的高台部位，还有很多类似于夯土高层建筑的横向柱坑。

在东汉时期，人们已经发现，当夯筑的高台达到一定高度时，如果底层的面积不够大，就会出现崩裂现象。于是，在夯筑达到一定高度后，人们会在那里摆放一排的木头，而等建筑到达另一高度时，会从另外方向摆放木头再次夯筑，从而使这个建筑不至于开裂和倒塌。

从永宁寺塔台基上的柱坑上，可以看出这个高台的基础构造，与早期的夯土高层建筑是比较相似的。不过，在永宁寺塔的塔基上，并不是只有这些横向的柱坑存在。因为在如此小的面积上，即便增加了横向木头的受力，也不可能建造出这样高的塔。与这些柱坑相呼应的，是圈状的竖向柱坑，在第四圈柱坑以内的塔基底部，还有叠在一起的巨大础石，这样的排列，大大加大了它可以承受的重量。

另外，根据发掘发现，永宁寺塔的塔心柱是由土坯包筑的十六根巨大木柱组成，地下又有这些巨大的柱础石支撑。整个塔基内五圈共124个坑柱，形成了庞大的柱网，牢固地支撑着整个塔身。从这些结构中可以发现，永宁寺塔已经不是夯筑加木材的简单建筑模式，而是继承了先秦、西汉时所盛行的高台榭建造方式，并在其中加入纵横木骨，增强了整体的受力性能，并纵向拉长形成了抗水平荷载的塔心柱，而其周围的木结构则通过梁方等构件与塔心柱相连，从而形成了一个整体，这是一种建筑技巧的提高。具备了上述条件，永宁寺塔才有可能达到所记载的高度。

现存的应县木塔和永宁寺塔同为释迦塔，内部结构也极为相似。通过对应县木塔的观察和比较，以及《水经注》和《洛阳伽蓝记》中对于永宁寺塔的描述，杨鸿勋先生用画笔将曾经恢宏的永宁寺塔复原了出来。能够绘制出永宁寺塔的全貌，一直是杨鸿勋的一个心愿，这座曾经给世人以视觉震撼和冲击的恢宏神宫，终于不再是字里行间的文字记述，而是在画纸上展现出它曾经的风采。

跃然于纸上的曾经世界第一高塔，仿佛带着我们拨开了重重的历史烟云，回到了那个广刹庄严、宝塔林立的时代。在虔诚的诵经声中，僧侣信徒怀揣着笃定的信仰，心神俱醉。如今，永宁寺塔虽然已经不复存在，但它在历史长河中熠熠闪光的辉煌会同那个时代一起，永远流传在后世的故事里。

# 第四章
# 大明宫

# 与武皇一同崛起的大明宫

大唐，是我国历史上一个如雷贯耳的朝代；长安，是我国历史上一个气象万千的都市。这两个辉煌记忆的中心，则是曾经举世无双的大明宫。大明宫作为中国建筑史上的巅峰之作，承载着大唐的繁华与绚烂，也蕴藏着沉重的爱恨和恩怨，为后世留下了无尽的猜想和遗憾。

660 年，当时名声显赫的宫廷画家阎立本接到了一个紧急诏令，原来是唐高宗李治最宠爱的武皇后，想要修建一座新的宫殿，并任命他为新宫殿的设计师。这位武皇后，即是武则天，在后来成为我国封建历史上唯一一位女皇帝。于是，这项空前绝后的工程构想在太极宫的紫微宫中展开了蓝图，阎立本最终将目光投向了龙首原上停建三十年的大明宫。

根据《旧唐书》记载，大明宫的修建缘起于唐太宗李世民时期。当时，时任监察御史的马周上疏李世民，主张为太上皇李渊修建一座新宫殿，以彰显其孝心。于是，大明宫作为给李渊建造的避暑夏宫而开始修建，然而，宫殿尚未建成，李渊就在第二年五月驾崩，大明宫的营建工作也只好就此停止，直到唐高宗时期，这项工程才得以重新启动。

唐高宗李治不仅十分宠爱武皇后，还懂得欣赏她的才能，这在男权主宰的封建王朝中实属罕见。李治不仅将朝政大权交与武皇后掌管，还曾在仪凤二年下诏逊位，将皇位交给自己的武皇后，当时朝野一片哗然。在这种情况下，武皇后每天在太极宫处理完政务之后，最放心不下的就是丈夫李治的病。太极宫位置低洼潮湿，李治的风疾也日益加重，视力越发微弱，双腿也常年疼痛。而太极宫后苑东北部的龙首原，则是长安城里地势最高的地方，这里宽敞且阳光充足，有利于李治病情的好转，在这里修建新宫殿再好不过。

除了李治的疾病，武皇后本身也不愿留在太极宫中。这座狭小的宫殿，给她留下了太多血腥又痛苦的记忆，她在这里杀死了王皇后和萧淑妃两大劲敌，就连自己的亲生女儿也沦为宫廷斗争的牺牲品。这些挥之不去的梦魇，让她想要远离这个地方。于是，在武皇后亲自操持下，那座停建已久的宫殿于662年重新开始动工，663年5月，工程尚未完全竣工之际，唐高宗和武皇后便匆匆迁居大明宫。至此，唐代沿袭使用的隋代宫殿被取代，按照方位，人们将大明宫称为东内，太极宫则称为西内。

664年12月，在宫殿搬迁至大明宫的一年多后，唐高宗收到了一名宦官的告密，他举报武皇后频频召道士进入后宫，行巫蛊和厌胜之术，而朝中官员对武皇后参政早有不满，更是纷纷趁此机会进言另立皇后。李治一气之下，命上官仪草拟武皇后罪状，准备废后。这件事最终还是没能推进下去，武皇后利用自己的情报网及时得到了消息，立刻去面见李治，在她的辅政功劳和柔情蜜意之下，李治很快平息冲动，并将责任都推到了上官仪的身上。

683年，唐高宗李治因病驾崩，其子李显即位，尊武则天为皇太后。次年二月，李显与武则天意见不合，被废黜为庐陵王，武则天转立唐高宗第四子李旦为帝，她仍旧临朝称制。同年九月，徐敬业等人以扶持庐陵王为号，举兵谋反，虽

**唐高宗像**

唐朝的第三位皇帝，在位期间先后灭西突厥、灭百济、灭高句丽，扭转了太宗时期在辽东战局的颓势，唐朝的疆域达到了最大。

**武曌像**

武则天为唐朝开国功臣武士彟次女，与高宗并称"二圣"，中国历史上唯一的正统女皇帝。

聚集了十万部众却仅仅坚持了两个月便兵败自尽。反对势力并未就此停息，688年，琅琊王李冲和越王李贞起兵匡复唐室，但很快这场叛乱再次被武则天平息。

几十年来，危险和杀机一直环绕着权倾朝野的武则天，关陇贵族鄙视她低微的商贾出身，李氏家族和前朝重臣不能容忍女人的当权，就连自己的儿子也站在她的对立面上。频繁的内忧外患让武则天不得不将权势牢牢把握在自己的手中，就连在大明宫的建筑上也加强了防卫功能，试图获取更多的安全感。690年，武则天正式称帝，改国号为周，并迁都洛阳，离开了这个爱恨交织的大明宫。从此往后的十五年，她在长安之巅营建的这座宫殿，成了一座寂寞无主的建筑。

称帝十五年后，曾经日月当空的一代女皇，躺在灵柩中，再次回到了长安。按照她的遗愿，武则天最终以唐高宗皇后的身份，与李治合葬于乾陵，政权也再次回到了李唐王室手中。由武则天亲自缔造的大明宫，作为当时世界顶级建筑，见证了一代女皇风谲云诡的崛起，也成为她最终心之所安的归处。在武则天死后，大明宫再度成为大唐的政治中心，继续见证着王室贵族的荣光。

# 位于权力中心的含元殿

包围在大明宫重重宫墙之中的，是武则天权力的中心。大明宫中的含元殿、宣政殿和紫宸殿三大殿，象征着封建统治的最高地位。

崇尚礼仪是中国人的传统观念，唐代的国力较为强盛，所以当时所建造的宫殿也比明清时代的规模更加庞大。大明宫沿袭了秦汉以来的中轴对称宫殿布局，同时也被后世的宫殿所模仿。含元殿、宣政殿、紫宸殿所组成的外朝、中朝和内朝格局，可以在北京紫禁城的太和殿、中和殿和保和殿布局中看到，以此推测，含元殿大概就相当于故宫中的太和殿。

1959 年冬，中国社会科学院考古研究所的马得志等专家，根据元代李好文的《长安图志》所示，到龙首原一带发掘大明宫遗址。曾经辉煌的大明宫，已经成为一片荒芜的空地，很多地方被公路和房屋切断，只有残存的小部分宫墙仍然可以辨认。马得志一行人在这里进行了九个月的全面发掘，终于有了一个重大的考古发现。这座荒弃的宫城，面积大概是 3.3 平方公里，其面积竟然是明清故宫的 4.5 倍。

根据这段时间的发掘，马得志绘制出了第一张大明宫测绘图。通过这幅隋唐都城地形图，我们可以看到，长安以朱雀大街为中轴，东西呈对称分布，14 条南北向的大街和 11 条东西向的大街，将外郭城切成了 108 个坊和东市、西市。位于城郭之中的太极宫地势低下，不利于防变，而居于长安之巅与终南山相连的大明宫，则易守难攻，进退有据。

中国社会科学院考古研究所的安佳瑶，主持了对大明宫遗址规模更大也更全面的挖掘工作。二十世纪九十年代末，考古队终于探明了大明宫中心——含元殿的框架结构。仅存下来的含元殿遗址，是约 200 米长、100 米宽、15 米高的巨大夯土台基。根据探测，大殿前有一个 630 米纵深的广场，它的存在更加烘托了含元殿的恢宏气势。后续在含元殿遗址出土的相关文物，都曾经见证了这座宫殿的宏伟和奢华。

根据考古发掘情况和相关史料的记载，含元殿的复原模型逐渐清晰地呈现在人们面前。含元殿作为唐代长安城中最宏伟的建筑，其殿前东西两侧有翔鸾和栖凤两阁，从唐代进士崔立之"千官望长安，万国拜含元"的诗句中，我们可以想象到每逢大朝会时，文武百官穿过长长的龙尾道，最终登上含元殿的壮观场景。相传当时曾有官员在登上龙尾道后，因体力不支，听错了皇帝的尊号，而被罚去了一个季度的俸禄，可想而知含元殿的台基有多么高大。

配合含元殿作为外朝礼仪场所的建筑，是距离含元殿最近的丹凤门，它作为大明宫的正南门，享有"盛唐第一门"之誉。武则天做皇后时，曾陪同李治一起，在丹凤门的门楼上接受百官朝拜和万民欢呼，并在城楼上，宴请外国使者。

二十世纪五六十年代，马得志等人曾在勘探发掘中，找出了丹凤门的三个门道遗址，这三个门道似乎与含元殿并不在一条中轴线上，这个结果令安佳瑶非常困惑。明清故宫的布局与大明宫最为相近，天安门作为进出故宫的主要通道，就是五个门道的最高等级设置，而宋代吕大防所绘制的大明宫图，也清晰显示为五个门道，那另外两个门道又在哪里？2005 年，安佳瑶在丹凤门的遗址中，发现了一段有火烧痕迹的土层，在门道的堆积中，还出土了许多烧制的砖瓦残块，在清理问题坑时，又发现了红烧土面。红烧土面在考古方面，代表了人为作用的痕迹，那这里肯定就是有道路的。而中国的建筑讲究对称，有第四个门道，就一定有第五个门道，这个悬疑多年的谜题终于被解开了。

包括气势恢宏的丹凤门在内，大明宫城共有十座城门，丹凤门是居中的正门。整个皇宫可以分为前朝和内庭两部分，前朝以朝会为主，内庭主要用于居住和宴游。丹凤门以内，是宽 176 米的丹凤门大街，以北是由含元殿、宣政殿、紫宸殿、蓬莱殿、含凉殿、玄武殿等组成的南北中轴线，宫内的建筑大多沿着这条中轴线分布。

由于当时武皇后急于迁居，这样庞大的大明宫仅仅用了两年便已初具规模。据史书记载，大明宫的修建动用了十万工匠，但即便如此，这个修建速度也非常惊人。考古人员在挖掘中发现，大明宫不是完全平地建起的宫殿，而是利用了龙首原自然的山势建成，节省了一些材料。紧接着，考古队又在含元殿附近发现了二十多处火烧的痕迹，在东廊和东北的山包处，发现了多处砖窑。这里的砖窑都刻着官匠的名字，与含元殿遗址挖掘出的砖瓦铭文，在年代和制作工艺上都是吻合的。

根据这些证据，安佳瑶推断，当时在含元殿的殿前广场，有一个制坯厂，负责制作砖坯瓦坯，再在晾干之后进入北边和东北边的砖窑烧制。长安地处黄土高原，黄土是烧制砖瓦的天然好材料，可以在当地取材，当地烧制，这也在一定程度上加快了大明宫的建造。

如此劳民伤财、兴师动众的大工程，在建造时举国上下稳定有序。在封建皇权和欲望得到满足的同时，国家也在武皇后的治理下蒸蒸日上，长安和洛阳两地，甚至比汉代全盛时期还要更加富庶，这种繁荣景象是非常难得的。

公元 7—10 世纪，是一个巨变的时代，西欧正处于蛮族入侵的噩梦中，拜占庭帝国苦苦挣扎着，西亚盛极一时的波斯帝国日渐衰落，被阿拉伯帝国所灭。在这样的混乱中，在大明宫度过半生的武则天，传承贞观之治，开启开元盛世，让大唐王朝像她所创的字那般繁盛，日月当空。

# 李隆基时期的大明宫

一代女皇武则天，在大明宫走完了她政治生涯的起点和终点，在大明宫的含元殿、宣政殿和紫宸殿中，留下了她争夺权力和励精图治的身影。这座辉煌的宫殿，包含着许多因权力滋生的梦想和阴谋，而固若金汤、层层宫墙的大明宫，也恰恰说明了政治斗争的激烈和残酷。

考古人员在对大明宫的后寝区域进行探查时，意外在三道宫墙之外发现了一段东西走向的新夹城，这里的夯土层与长安城墙类似。这段夹城令考古人员百思不得其解，猜测它可能与长安城东的夹城堡有关。根据史书记载，唐玄宗李隆基曾下令在曲池的东岸筑造夹城堡，堡内以芙蓉花为主，因此又称作芙蓉园。经过研究人员的详细考察，最终确定这段夯土层是唐代夹城堡南城墙的遗址，是在长安城东郭墙外另建的一道城墙，全长 7979 米，用于由大明宫通往兴庆宫和曲江芙蓉园。唐朝诗人杜牧诗中所描绘的"六飞南幸芙蓉苑，十里飘香入夹城"就是这里。

古代的夹城主要是为了安全防卫而建，故宫的夹城就是这样的功能，但大明宫的主要防卫功能却并不在这段夹城。这是因为，这段夹城只修建了大明宫和长安城的东边沿线，另外三个沿线都没有这种建造。在汉代未央宫遗址中，曾经发现过一条连接前朝和后宫的秘密通道，后经证实，这是后宫外戚从事干政等活动的通道。那么，大明宫的夹城是否也是为这种目的而修建呢？

此图堪称描绘宫廷建筑的巨画，从长城关口起笔，至海边帆船结束，重现唐代大明宫的恢宏壮丽。

　　兴庆公园位于西安市东门外，这是在唐代兴庆宫遗址上修建起来的文化遗址公园。兴庆宫位于大明宫的南侧，因此又被称为南内，正是夹城所通之处。唐玄宗李隆基在即位之前，与兄弟们一起住在这里，大概是出于怀旧心理。728 年，唐玄宗由大明宫移入兴庆宫听政，这里成了新的政治活动中心。兴庆宫的规模不大，面积还不到大明宫的一半，而此时大唐的国力，要比武则天时期更加富庶，李隆基作为盛唐的君主，竟然如此勤俭。

　　根据《陕西通志》中所绘制的大明宫图，我们可以发现距离青霄门不远处，有一座供奉老子的三清殿。在如今的大明宫遗址上，我们仍旧可以看到三清殿地面铺设的台基、石条和砖块。在那里，考古人员发现了许多底部留有琉璃状釉的坩埚，很可能是当时炼丹使用。李隆基是依靠政变登上的皇位，即位之初总会频繁召见道士吴筠进宫，并隆重地接待他。历史上的皇帝迷信道教，多是为了炼丹服药，寻求长生不老之术，而李隆基与道士询问的却是治国之道。

　　李氏家族祖上有鲜卑族血统，为了抬高门第、神化统治和标榜自己的纯正汉人血统，唐朝建立后，李渊自称是老子的后人。李隆基非常崇拜老子，酷爱《道德经》，而《道德经》中提倡勤俭持家。在古代家国同构的框架下，勤俭持家和勤俭治国是一回事，因此李隆基一改武则天时期奢靡的后宫风气，以老子的"贵以贱为本，高以下为基"思想作为治国理念，这也让他能够体恤黎民百姓，任用贤臣能士，成就了唐朝威震四海的开元盛世。

　　734 年，李隆基的五弟——薛王去世，相继离开的同胞兄弟让唐玄宗失去了饮酒、对弈的亲密伙伴，也让他陷入了人生无常的悲伤之中，而爱妃武惠的突然病故，更是对他造成了沉重的打击。内心感到无比孤独的半百老人，逐渐没有了励精图治的动力和精力，好在开元盛世的缔造已经完成。

　　才貌双全的杨玉环，恰好在这时走进了唐玄宗的视野，成为他政治生涯的分水岭。大明宫的三大殿中，少了李隆基孜孜不倦的身影，内宫成为他流连忘返的所在。根据元代骆天骧《类编长安志》中的记载，龙首渠从西北引入大明宫，灌溉形成太液池。太液池位于大明宫北面中部的低洼处，是大明宫后庭的重要园林，也是见证了唐玄宗和杨贵妃爱情的场所。

2001 年起，中国社会科学院考古研究所与日本奈良国立文化研究所合作，对长安城皇家园林遗址进行了考古发掘工作，共发掘了近两万平方米。结果显示，太液池的面积大概为 16000 平方米，分为东西两部分，中间以渠道相通。其中，西池的面积比较大，位于宫城北部的中间，太液池和蓬莱山园林的主景都在这里；东池的面积较小，位于宫城北部偏东，距离东墙仅有五米的距离。

至此，这座传说中的人间仙境终于浮出水面。这是一片以太液池为中心的宫苑风景区，湖中仿造蓬莱、方丈、瀛洲三岛垒出了三个岛屿，寓意为神仙居住的长生不老之地。因树枝遮挡，李隆基还特意命人在太液池西岸筑建一个百尺高台，命名为望月台，以便日后与杨贵妃一起凭栏望月。然而，望月台仅仅修建了台基，安禄山便举兵叛唐，仓皇逃难中，两人就此阴阳两隔。

如今，在大明宫的遗址上重新修建了公园，经过复原后的太液池湖光山色、芳草萋萋、烟波浩渺，宛如人间仙境。试想一下，大约一千三百年前的夜晚，月光皎洁，夜色如水，李隆基和杨玉环相拥在太液池中的蓬莱岛赏月，情到浓时许下了生生世世结为夫妻的誓言。权力与美色，音乐与歌舞，这段珠联璧合的情缘成了历史上流传千古的爱情佳话，也给太液池和大明宫留下了更多的动人故事。

# 大明宫中的盛唐绝唱

大明宫作为大唐王朝的正宫，是唐朝政治中心和国家的象征，但大明宫的贡献却不止于此。唐朝文化是当时世界文化的巅峰，《全唐诗》中记载了5.8 万首诗歌，其中涉及大明宫的有 260 余首，为我国古代增添了不少璀璨的文学瑰宝。

735 年，诗仙李白在仗剑远游十年后，来到了长安外的终南山居住。他广为交友，希望能够得到王公大人的引荐，谋求一官半职，实现自己建功立业、达济天下的伟大抱负。742年的一个夜晚，李白奉旨进宫，只是他所去的地方不是前朝的议政宫殿，而是大明宫太液池东岸的牡丹园。

当时，正值牡丹花开的时节。李隆基诏选梨园弟子进宫演奏乐曲，最受宠爱的杨贵妃则陪伴在他的身边。如此名花、美人相伴的良辰美景，唐玄宗李隆基命当时的翰林学士李白，为清平调填词。李白挥笔一蹴而就，当即写下了三首诗。第一首，以牡丹花比喻杨贵妃的娇媚，第二首表现了杨贵妃受宠，第三首则将牡丹与君王、贵妃融合在一起，表现出超高的艺术功力，至今仍广为流传。其中，脍炙人口的"云想衣裳花想容，春风拂槛露华浓"一句，便是出自这里。

李白生性豪放，喜爱饮酒，在唐玄宗的宴会上也是一醉方休。兴致所起，让当时最受宠的宦官高力士为其脱靴。而这一举动，被高力士怀恨在心，他到杨贵妃面前诋毁李白，说其在诗中对她的比喻，是汉朝的红颜祸水赵飞燕。三年后，李白被赐金放还，被排挤出长安。这时，边境已经出现了混乱，心忧社稷的李白前往北方边境，亲眼看到了安禄山的秣马厉兵，形势已然很是危急。755年，安史之乱爆发，在逃难过程中，杨贵妃被当作罪魁祸首赐死于马嵬坡，这段传奇情缘最终以悲剧落幕，繁盛的大唐王朝也越发走向衰亡。

从封建社会的发展历程来看，任何一个朝代在达到繁荣的顶峰之后，都会走上下坡路。这是历史和社会的发展规律，也是人性中好逸恶劳的必然结果。758年末，唐军收复长安和洛阳两京，唐玄宗作为太上皇，回到了长安，只是他再无资格进入大明宫。出于对父亲的猜忌，唐肃宗将李隆基安置到太极宫中。四年后的一个黄昏，唐玄宗李隆基于太极宫驾崩，大明宫中再也没诞生过拥有雄才伟略的帝王。

在诗仙李白走进大明宫的70年后，大唐著名诗人白居易成功列入了百官

**明 仇英 仿明皇幸蜀图轴（局部）**
此图描绘了唐玄宗为避"安史之乱"入蜀的历史故事。

早朝的队伍。他曾经因为一篇追忆唐玄宗和杨贵妃之间悲欢离合的《长恨歌》而声名大噪，两年后被朝廷封为翰林学士，不久后又官至左拾遗。白居易怀着忧国忧民的现实情怀，又不像李白那般纵情不羁，前程本该畅通无阻，没想到还是未被大明宫所接纳。

815 年 6 月，当朝宰相武元衡在上早朝的路上，被刺客刺死，这件事令朝野上下震惊，金吾卫遍布长安的各个关口，恐怖的气氛笼罩着整座长安城，大明宫变得尤为寂静。白居易当即写下了奏折，认为应该彻查幕后凶手。然而，当时正处于唐朝藩镇割据的时代，此时曾主张武力镇压藩镇的宰相被刺杀，背后的主谋不言而喻。碍于深层的政治背景，掌权的宦官集团和旧官僚集团进谏皇上不要着急处理刺杀事件，而白居易的坦率进言反倒被认定为越权行为。一个月后，白居易被贬为江州司马，结束了京城的政治生涯，而藩镇割据所造成的社会动乱，却贯穿了白居易的一生，他竟然亲身经历了八代唐朝帝王的更替。

880 年 12 月，另一位诗人踏入大明宫的含元殿。黄巢作为一名屡试不中的落榜秀才，曾在当年落第后借菊花写下豪言壮语：“待到秋来九月八，我花开后百花杀。冲天香阵透长安，满城尽带黄金甲。”黄巢在长安街头无数次徘徊、回望大明宫的辉煌，最终以暴力的方式赶走了唐僖宗，成为大明宫的新主人。黄巢作为有文化、有教养的读书人，再加上他攻破潼关时，唐僖宗已经跑到了四川，大明宫并没有遭到破坏。黄巢准备在长安建立属于自己的政权，与他的金甲骑士一起在大明宫生活。

可惜好景不长，大约两年后，黄巢便被唐僖宗借来的沙陀族雇佣军，赶出了大明宫和长安城。沙陀族将士进入长安后，被其物阜民丰的环境深深刺激，883 年，他们反戈击败了唐朝的政府军，杀进长安肆意烧杀抢掠，让大明宫遭受了重创。904 年正月，大唐节度使朱温发起暴乱，在一个多月的时间内，他拆毁了长安城的所有宫殿，将所得木材顺着渭河漂流至洛阳，营建他的后梁首都，至此，长安城的最后一缕风华，也荡涤殆尽。

诗人李拯在路过已成废墟的大明宫时曾写道：“紫宸朝罢缀鸳鸾，丹凤楼前驻马看。惟有终南山色在，晴明依旧满长安。”这个在中世纪时曾经盛极一时的大唐王朝，在历经三百年的风云变幻后，难逃灰飞烟灭的命运。这时，东南地区因其肥沃的土壤和便利的交通而拥有更为发达的经济，气候条件也比干旱的西北更有优势，其则顺理成章地成为封建王朝建都的新选择。

长安为曾经繁盛的大唐王朝画上了一个休止符，从此之后，也再没有作为一个朝代的都城出现在历史的进程中。曾经辉煌的长安城和大明宫虽然都已经衰败，但如今的西安作为我国的大都市之一，其文明的光芒仍在持续闪耀。

# 第五章
# 盛唐华清宫

# 骊山温泉

1982年4月的一天，骊山脚下的施工队，意外挖出了一些很像浴池的古建筑遗迹。陕西省文物局专家考证认为这是唐代华清宫的建筑遗存，随后以骆希哲为首的考古队正式成立，并开始对华清宫遗址的考古挖掘工作。

在一千多年前的盛唐时期，这里曾经矗立着一座规模宏大、华丽壮观的温泉宫殿，它占地达100多万平方米，是明清故宫的2倍多，史书上形容它巧夺天工、美轮美奂，是一座人间的仙宫。可惜这样一座盛世大唐的恢宏杰作，却随着历史慢慢消失，现如今只剩下埋在地下的遗迹。

考古发掘工作开始后，考古专家先挖掘出了一座结构极为特殊的汤池遗址，这座汤池有的地方凸出，有的地方凹陷，池壁结构很不规则，南边像是凸出的马面，北面则像是流畅的河流。唐代设计者为何要把一个洗澡用的汤池，设计成如此形状，这难道有什么特别的寓意吗？

经过进一步发掘，考古专家发现，这座汤池被设计成如此奇怪的形状，很可能与其所处位置有关。南边的马面形状实际是在模仿骊山的形状，也是为了保护汤池旁边的立柱；北面做成自然河流的形状，则是在模仿渭河河流的形状。考古专家还在汤池旁边发现了一些刻有工匠名字的条砖，这是初唐时期才有的一种建筑材料，据此考古专家推断，这座汤池应是唐太宗李世民专用的汤池。

据史籍记载，644年，唐太宗李世民曾下令在骊山上修建一个供自己沐浴的汤池。在汤池建成后不久，李世民便率领文武百官前来游幸，他还亲笔御书《温泉铭》，颂扬骊山温泉，并且命令石匠制碑拓印，以示群臣。

李世民在《温泉铭》中写道："朕以忧劳积虑，风疾屡婴，每濯患于斯源，不移时而获损。"原来李世民虽因"玄武门之变"成功夺取皇位，君临天

下，但常年征战也使他患上了风湿，正是
中草药的治疗加上骊山温泉的浸泡，治愈
了他的风疾，所以李世民才不惜以帝王之
尊，亲自为骊山汤泉立铭宣传。

随着考古发掘的推进，专家们发现在
唐华清池遗址的下面还有商周时期的陶质
水管道、秦汉时期的木门、瓦当等建筑遗
存。在考证了大量资料后，专家们发现原
来唐太宗李世民并不是最早在骊山建造汤
泉的人。

西周时期，周幽王看中了骊山秀美的
风光和天然温泉，以及距离都城长安仅
30公里的优越位置，在骊山修建了宫殿。
而后，秦始皇、汉武帝，一直到唐代的几
位帝王都将这块风水宝地作为行宫别苑不
断扩建。唐太宗正是在前代的基础上修建
的汤池，并且还把重新翻修好的宫殿定名
为"汤泉宫"。

然而唐太宗修建的"汤泉宫"并非历
史上骊山宫殿最为恢宏的时期，真正让骊
山温泉宫殿达到宏伟辉煌程度的，是那位
将大唐王朝带入鼎盛，又亲眼看着唐王朝
从鼎盛时期慢慢跌落的传奇皇帝唐玄宗李
隆基。

唐玄宗李隆基是唐朝的第七代皇帝，
年仅28岁的他靠宫廷政变登上了皇帝宝
座。一登基，他便任用贤人，励精图治。
承贞观之治又经武则天57年的耕耘，唐

华清池凉亭

玄宗治下的大唐，国家基础雄厚，国富民安，前来朝拜的外夷番邦之国络绎不绝，经济已经远远超过了同一时期的拜占庭帝国以及阿拉伯帝国，这一时期被认为是继汉武帝之后中国历史上出现的第二次鼎盛时期，史称"开元盛世"。

在这样的太平盛世下，玄宗有的是财力和时间，于是他开始花费巨资对大明宫、兴庆宫等建筑进行大规模营建和修葺。面对一片太平富足的景象，玄宗也更加安逸享乐地生活。先皇留下的避寒胜地——骊山行宫风景秀丽，温泉千古涌流，不盈不虚，玄宗开始频繁游幸，每年十月他都要偕杨贵妃和朝廷百官、家眷来骊山过冬、沐浴、赏景，尽情作乐，直到第二年春天才返回京师长安。

随着游幸队伍日渐庞大，停留享乐的时间加长，原来的行宫已经远远不能满足唐玄宗的要求。于是，在742年，唐玄宗下诏花费巨资大规模扩建骊山行宫。宫城根据骊山的自然山势在以前温泉宫的基础上进行扩建，主要殿舍以温泉总源所在地唐太宗的汤池为中心构成宫殿群的核心，然后向山上、山下四面展开，布设亭台殿阁，栽植青松翠柏，构成一个庞大的宫殿建筑群，这样既合理利用了温泉，又体现了皇宫的严谨布局，可谓构思新颖，独具匠心。

远远望去，楼台宫殿，遍布骊山上下，规模宏大，壮丽无比。白居易在《骊宫高》一诗中形容"高高骊山上有宫，朱楼紫殿三四重……骊宫高兮高入云，君之来兮为一身，君之不来兮为万人"。杜牧则以"长安回望绣成堆，山顶千门次第开"来形容华清宫。

唐玄宗是个十分笃信道教的人，他一直希望能够得道成仙长生不老，因此在747年新宫落成之时，他便取道教经书中的"华清宫"能使人得道成仙之意，把骊山宫殿正式定名为华清宫，又因为宫殿坐落在温泉汤池上，所以也称为华清池。此时的华清宫达到了历史上的鼎盛，规模宏大，富丽堂皇，可与兴庆宫和大明宫相媲美。

# 华清汤池

唐玄宗扩建华清池，不仅在原有基础上增设了许多殿宇金屋，广种名花贵草，而且还增建了许多新的汤池，他为自己修建了莲花汤，为杨贵妃修建了海棠汤，还为近臣、歌姬等不同身份的人修建了不同的汤池，就连唐太宗曾用过的"御汤"也被他改建成了"星辰汤"。

从平面造型上看，唐太宗曾用过的"御汤"就像北斗七星一样。古人认为北斗七星是主宰天宫和人世间万事万物的，它的变化影响着人世间的政治、经济各方面的发展。帝王们若是想要自己的王朝长治久安，就必须要与天象保持一致，所以唐玄宗将"御汤"更名为"星辰汤"，有希望大唐政通人和、江山永固的用意。

"星辰汤"出土之前，人们只能从史料中了解华清池的建筑布局及规模，"星辰汤"的出土则为专家们提供了真实可靠的考古依据。在"星辰汤"出土不久后，考古专家又在其北面20多米的地方发现了一个新的汤池遗址，这里出土了天宝年间的铜钱、带字的板瓦、三彩套兽，以及带有手印的条砖。这种条砖是唐玄宗天宝年间使用的一种建筑材料，根据宋代游师雄在《长安图志》中所画的位置，结合汤池造型及出土文物，专家判断这个汤池正是唐玄宗沐浴的莲花汤。

莲花汤东西长10.6米、南北宽6米，上下两层台阶，造型奇特，上平面的四角有一定的曲线变化，形状类似莲花，而下平面则是规则的八边形。唐玄宗为何要把自己沐浴的汤池设计成这种形状呢？原来唐玄宗是个狂热的道教徒，下平面的八边形代表着大地的八个方位，他把具有道教寓意的莲花设计在大地八极之上，就是希望通过沐浴能与天地相连，在清泉、莲花的护佑下延年益寿，长生不老。

**元 钱选 贵妃上马图**

此长卷描绘的是唐玄宗与贵妃带领随简从准备出游狩猎的情景，一旁的唐玄宗眼里含情脉脉，似乎在提醒着她当心。

　　随着考古发掘的推进，考古专家在莲花池西面约 3 米的地方又发现了一个汤池遗址。这一汤池用青石砌成，造型别致，形似一朵盛开的海棠花，东西长 3.6 米、南北宽 2.9 米，大小约是莲花汤的六分之一，这说明这个汤池的主人在等级地位上要比唐玄宗低一些。结合史籍文献以及考古发现，专家认定这正是杨贵妃沐浴的海棠汤。

　　专家认定此处为海棠汤遗址的依据主要有四个：依据一，这里与莲花汤的距离很近，几乎是挨着的，在如此近距离设置两个汤池，说明在这两个汤池中沐浴的人的关系非同一般。依据二，这个汤池的造型非常别致，像一朵盛开的海棠花，汤池中央还有出水的花蕊，更适合女性沐浴使用。依据三，考古专家在汤池墙边发现了一块砂石，上面刻有"杨"字，此应为工匠在修建汤池时所刻。依据四，这一汤池与莲花汤所处的位置，与天上的星象相吻

合，天上的妃子星在帝星的西北方向，这一汤池也在莲花汤的西北方。

唐代诗人白居易在《长恨歌》中曾写道："回眸一笑百媚生，六宫粉黛无颜色。春寒赐浴华清池，温泉水滑洗凝脂。"杨贵妃不仅长得丰腴美艳，具有闭月羞花之貌，而且肌肤白皙柔滑，据说这与她长期泡汤沐浴大有关系。杨贵妃沐浴时常把鲜花、草药，还有一种从西域进口的香料瑞脑龙香放入水中，它们能够静心安神，消除各种难闻的气味，并且三天之内使身体香气不散，泉水中的硫黄等矿物质不但可以祛除邪气，免除疫病，还会使皮肤变得润滑无比。

在众多的皇妃之中，唐玄宗只为杨玉环一人修建汤池，足可见杨贵妃的地位非比寻常。那么，杨贵妃到底是个什么样的人？她是如何走入唐玄宗的视野的？又为何能在成千上万的后宫佳丽中独得唐玄宗恩宠呢？

　　杨贵妃，名为杨玉环，史书称其有倾城之色，且天资聪颖、通晓音律、歌舞俱佳。735 年，杨玉环成为唐玄宗之子寿王李瑁的王妃。737 年，正值开元盛世，国泰民安，然而在这一年，唐玄宗深爱的武惠妃却病逝了。

　　后宫佳丽三千竟再也找不到一个可以排忧解难的人，内心深处的孤独使唐玄宗终日愁眉不展，郁郁寡欢。这情景愁坏了宦官高力士，于是他暗搜皇宫内外，终于发现了通音律、善歌舞的杨玉环。在高力士的刻意安排下，唐玄宗在华清宫第一次召见了杨玉环，已近暮年的玄宗被杨玉环的美貌与智慧、歌舞及性情深深打动，于是他不顾"父夺子妻"的尴尬，先让杨玉环入宫当女道士，随后又在 745 年册封杨玉环为贵妃。

　　唐玄宗对杨贵妃万般宠爱，甚至于两人终日厮守，置其他嫔妃于不顾，此种情景正如白居易所写的"后宫佳丽三千人，三千宠爱在一身"。杨贵妃专宠后宫，在她之上再无皇后，她的地位也做到了后宫极致。在扩建华清宫时，唐玄宗专门为杨贵妃修建了海棠汤，仅此一举便是后宫其他嫔妃穷尽一生也难以获得的宠爱。

　　在挖掘出唐太宗的星辰汤、唐玄宗的莲花汤、杨贵妃的海棠汤后不久，根据宋代游师雄在《长安图志》中所画的位置，考古专家又陆续发掘清理出了几个性质各异的汤池，有供官员沐浴的尚食汤，梨园弟子沐浴的小汤，以及宜春汤、太子汤等 9 个汤池。在这些汤池附近，考古专家还挖掘出土了一些陶质水管道。专家们判断这些汤池之间正是由陶质水管道相连，形成了完整的供排水系统。

　　通过实验论证，专家发现华清池的各个汤池都有专门的供水系统，在沐浴时，温泉水通过管道被送到汤池，此时将排水口堵住，汤池中的水位便会不断升高；沐浴完成后，将排水口打开，汤池中的水便会逐渐排出。如此，即使单个汤池出了问题需要修整，也不会耽误其他汤池的使用。

　　考古专家发现，在"星辰汤"附近有两个温泉水源，其中 1 号水源流出的温泉水通过管道先流入唐太宗的星辰汤，然后由星辰汤流入供六部官员沐浴的尚食汤，再由尚食汤流入宜春汤、小汤等汤池；2 号水源流出的温泉水通过管道流入唐玄宗的莲花汤，再由莲花汤流入杨贵妃的海棠汤。

可以看出，温泉水流经各汤池的先后顺序都是经过仔细斟酌后确定的，这种设计一方面符合等级礼制，另一方面也考虑到"星辰汤"曾为先皇御用不便另作他用，更不能拆除，那么将温泉水先从源头引入星辰汤，再从星辰汤流到其他汤池，就暗寓了皇恩雨露遍赐众生，唐玄宗想要利用先皇的威望，进一步巩固皇权，希望沐浴的人要为大唐王朝的社稷效忠。

9个汤池的陆续出土为研究华清宫提供了真实可靠的依据，极大地增强了考古人员的信心，而且这么多个汤池的修建也印证了华清宫如史料所说，在唐玄宗时期达到了鼎盛。然而史料记载唐华清宫是以这几个汤池为中心，向四方展开的一个庞大的宫殿建筑群，那么除了这几个汤池外，其他的建筑又在哪里呢？唐华清宫——这座中国历史上最为壮观的温泉宫殿，随着考古发掘的深入能否再次展露出它的容颜呢？

# 殿阁楼台

随着考古工作的进行，在莲花汤、海棠汤北边约110米的地方，考古专家又挖掘出了一处遗址。这处遗址的形制与之前发掘的几处汤池遗址不太一样，它的里面有一个专门的院子和一些带有回廊的房子，明显与宫殿建筑遗址的特征不相符。在查阅史籍文献后，考古专家发现这个遗址的位置与宋代游师雄在《长安图志》中所画的唐华清宫梨园的位置有惊人的相似，同时史书中记载，在梨园旁边还有一个小汤，而在考古发掘现场也出土了一个小汤池。根据这些新发现，考古专家确定了这里就是唐华清宫梨园遗址。

梨园正是唐玄宗和杨贵妃带领梨园弟子们排练曲目、唱歌跳舞的场所。据《新唐书》记载："玄宗既知音律，又酷爱法曲，选坐部伎子弟三百，教于梨园。声有误者，帝必觉而正之，号皇帝梨园弟子。"唐玄宗熟悉音律，对曲乐、舞蹈都颇有研究，他曾组建过"宫廷乐队"，选拔子弟300人，这些梨园弟子由玄宗亲自训练指导，在梨园内练习歌舞。

清　顾见龙　贵妃出浴图

图绘杨贵妃出浴，身披绣花红纱衣，周围环境尽显皇家富贵，用笔设色重而不浊，间用金泥勾线装点，独具特色。

　　玄宗万般宠爱的杨贵妃跟玄宗一样酷爱音乐和舞蹈，玄宗曾经有一次倡议用大唐的乐器配合西域传来的乐器和歌舞开一场演奏会，杨玉环积极应和，当时玄宗击鼓，杨玉环怀抱琵琶，梨园弟子们轻歌曼舞，昼夜不息。

　　唐玄宗精通各种乐器，善谱写词曲，著名的词曲《雨霖铃》《霓裳羽衣曲》《紫云回》《凌波曲》都是出自其手，流传至今。在中国历史上，像唐玄宗这样酷爱音乐、具有极强的音乐天赋和才能的皇帝，可以说是独一无二。

　　在梨园发掘工作进行的同时，考古专家研读了大量史料后发现，在海棠汤和梨园之间存在一座飞霜殿，这里是唐玄宗和杨贵妃的寝殿。骊山风景秀丽，温泉水暖滑润，原先唐玄宗游华清宫一般是冬天，在此停留半个月左右，但是自从有了杨玉环的陪伴，唐玄宗游幸华清宫次数越来越多，停留的时间也越来越长，有时达三个多月。在这期间，唐玄宗与杨玉环就居住在飞霜殿内。

　　不过，关于文献记载中的飞霜殿，史学界一直都存在争议。有学者认为，唐玄宗和杨贵妃的这座寝殿应该叫长生殿，而不是飞霜殿。考古专家针对这一争议进行了进一步探查，最终认定唐玄宗和杨贵妃的寝殿就是飞霜殿，长生殿应是唐玄宗与杨贵妃在骊山祭祀老君和祭天时的斋殿。

　　唐代诗人白居易在《长恨歌》中写道："七月七日长生殿，夜半无人私语时，在天愿作比翼鸟，在地愿为连理枝。"这句诗句描述的就是751年七月七日，唐玄宗和杨贵妃在骊山长生殿中对天盟誓的故事。

　　不过对于这个故事的真实性，考古专家认为还有待检验。根据《长安图志》《临潼县志》和《贾氏谈录》等史书的记载，长生殿应该在骊山之上，但考古专家却并未在这里发现长生殿的遗址，只找到了长生殿旁边的集灵台。这座集灵台与唐长安城中的天坛一样，是唐玄宗在骊山祭天的场所，所以说，唐玄宗和杨贵妃对天盟誓的故事可能并不发生在长生殿中，而是发生在这座集灵台上。

　　虽然没有发现长生殿遗址，但考古专家在骊山集灵台北边20米的地方，却发掘到了一些建筑遗存及出土文物。通过查阅史籍，考古专家推断在骊山第三峰北端发现的建筑遗存正是朝元阁遗址。

朝元阁东西约 90 米、南北约 40 米，是一座依山而建的大型建筑，也是骊山上规模最大的建筑，唐玄宗时期除了用于祭祀外，也是绝佳的登高望远、郊游休息之处。史书中记载了文人墨客对朝元阁的描述，形容朝元阁非常高大，甚至可以和昆仑山相比。古人的形容虽然有夸张的成分，但足以想见当时这座建筑的壮观。不过，在安史之乱后，这座建筑随着唐王朝的衰落而逐渐荒废，在唐之后更是遭到了较大的破坏。

在发掘出朝元阁后，考古专家在朝元阁南约 300 米的地方发现了一些造像残块、鎏金铜花叶兽面砖，以及一尊 193 厘米高的汉白玉老君像。根据宋敏求在《长安志》中所述，老君殿在朝元阁的南面，其中有玉石制成的老君像，精美绝伦。结合考古现场的考古发掘，专家确定这里便是老君殿遗址。

经过考古发掘，专家发现老君殿是一座完整的四合院建筑，东西约 37 米、南北约 60 米，总面积约 2200 平方米。在老君殿中间是一个主大殿，殿前有两个亭台，四周则有回廊。在中国古代，大多数庙宇建筑都有回廊，这也是考古专家判断这里是老君殿遗址的一个重要依据。老君殿和朝元阁之间由 300 米长的回廊连接，也使两组建筑融为一体，组成了规模宏大、布局合理的道教建筑群。

翻阅《资治通鉴》《新唐书》《旧唐书》等典籍，考古专家发现朝元阁和老君殿的诞生有着极其复杂的政治背景，更有唐玄宗秘不示人的隐私。一方面，唐玄宗李隆基为了加强统治，便自诩为道教创始人老子李耳的后裔，在全国很多地方建老君殿，修老君像，这一崇道抑佛之举其实是暗示李氏王朝是君权神授，天下百姓不要有叛逆企图。另一方面，唐玄宗笃信道教，得道成仙、长生不老是其梦寐以求之事，因此便修建了朝元阁和老君殿。

唐华清宫的考古挖掘工作持续了 14 年，专家们在山下发现了 9 个汤池遗址和梨园遗址，在山上发现了集灵台、朝元阁、老君殿遗址，这些遗址的位置形制与史料记载的情况完全吻合，在深入细致地研究了大量的史料之后，唐华清宫的整体面貌终于重现世人面前。

# 盛唐华清

  唐华清宫由昭应县城、皇宫和骊山禁苑三部分组成，坐北朝南，背靠骊山，面向渭河，总面积约100万平方米，比故宫大一倍多。所有宫殿建筑均部署在缭墙之内，鳞次栉比，错落有致，气派非凡。

  昭应县城即今天的西安临潼区，位于皇宫之北，是主要的居民区和商业区，前来华清宫陪皇帝游幸的官员们都居住在这里。出昭应县城的南门便来到了望仙桥，这是因唐玄宗企慕神仙而得名的一座桥，在桥南东西两边是平坦宽阔的大广场，其将皇宫区与居民区分开，加强了宫阙安全，同时也可以阅兵演武。在大广场南边，依次排列着左、右讲武殿，唐玄宗曾调集二十万精兵于此讲武。在讲武殿南边，为左、右朝堂，是百官上朝商讨国家大事和等候皇帝召见的地方。

  华清宫宫城有四门，北为津阳门，南为昭阳门，东是开阳门，西称望京门，宫内布局以隔墙分隔，有东、中、西三区。其中，东区是唐玄宗和后妃沐浴、休息、宴饮娱乐的地方，有歌舞音乐场所梨园、唐玄宗与杨贵妃的寝殿飞霜殿，以及唐玄宗和杨贵妃沐浴之所莲花汤、海棠汤；中区是皇帝处理朝政的地方，有前、后大殿，以及太子、官员们沐浴用的汤池；西区主要是玄宗祭祀、问道的地方，这里的建筑多与求仙问道有关，有祈求得到长生不老药而修建的果老药堂，有供奉历代祖宗的十圣殿，也有供奉神仙、修身养性的功德院等。

  在骊山禁苑中，宫城东部主要为游乐场所，西部则是珍禽兽院和花园，骊山上下宫殿亭台环列数不胜数，长生殿、朝元阁、老君殿等宏伟建筑，共同构成了华清宫美轮美奂的建筑景观。

  据现存残缺的史籍统计，唐玄宗在位45年间，游幸华清宫达44次，每次游幸都有百官随侍，唐玄宗会在华清宫处理朝政、商议国事、接见外使，这也使得华清宫逐渐成为当时的政治中心、临时国都。唐玄宗不仅在这里进行重大的国事活动，而且还经常在这里举行各种各样的游宴活动，过着奢侈享乐的生活。

斗鸡是唐玄宗颇为喜爱的游宴活动。据文献记载，"神鸡童"贾昌能号令群鸡。在玄宗前往泰山封禅之时，贾昌便带着几百只大公鸡跟随一起。在华清宫中，玄宗更是多次举行斗鸡大会，用自己身经百战的"神鸡"们，将大臣们的那些看上去强壮无比的公鸡杀得落花流水。

除了斗鸡，唐玄宗还在华清宫中举行过舞马活动。唐玄宗在他的后宫里面养了400多匹能舞善蹈的马，这些马受到的待遇非常高，穿的衣服也非常华丽，在经过专门的培训后，便可以表演各种各样的舞蹈，在舞蹈的最后，这些舞马还会口衔着金杯，跪到唐玄宗的面前向他祝寿。由此可见，一千多年前的唐玄宗为了享乐，是怎样利用至高无上的权力，达到了极其奢侈的地步。

如此穷奢极欲，再大的盛世也会难以维系，宏伟壮丽的华清宫也随着大唐盛世的落幕而逐渐没落。自从有了杨玉环的陪伴，在华清宫的温泉水雾中，在大唐的太平盛世下，缔造开元盛世的唐玄宗开始厌倦权力，越来越疏于朝政，逐渐迷恋于华清宫奢靡享乐的生活。就在这时，一个胡人来到了华清宫，此人名为安禄山，身材魁梧，体态臃肿，他不仅擅长西域舞蹈，而且乖巧圆滑，经常利用各种机会极力讨好唐玄宗和杨贵妃，很快就取得了唐玄宗的信任。

750年，安禄山被封为东平郡王。在大唐历史上非皇室血统而封王，极其罕见，仅仅几年时间安禄山就成为大唐最有权势的封疆大吏，足可见其有多么善于钻营。让唐玄宗万万想不到的是，自己信任的这个干儿子竟然会给繁盛的大唐带来意想不到的命运，给自己的晚年带来无限悲苦与凄凉。

755年10月，正当唐玄宗和杨贵妃在华清宫内轻歌曼舞、纵情享乐之时，手握天下劲兵的安禄山发动了兵变。一时间烽烟四起，唐军节节败退，潼关最终失守。沉迷于酒色歌舞之中的唐玄宗仓皇出逃四川，途经马嵬坡时，皇帝的扈从部队发动兵变，迫使唐玄宗下令缢死杨贵妃，这就是历史上著名的

南宋　李嵩　明皇斗鸡图

图绘唐明皇驻马观赏斗鸡的场景，画中唐明皇闲适逸豫，器宇不凡。

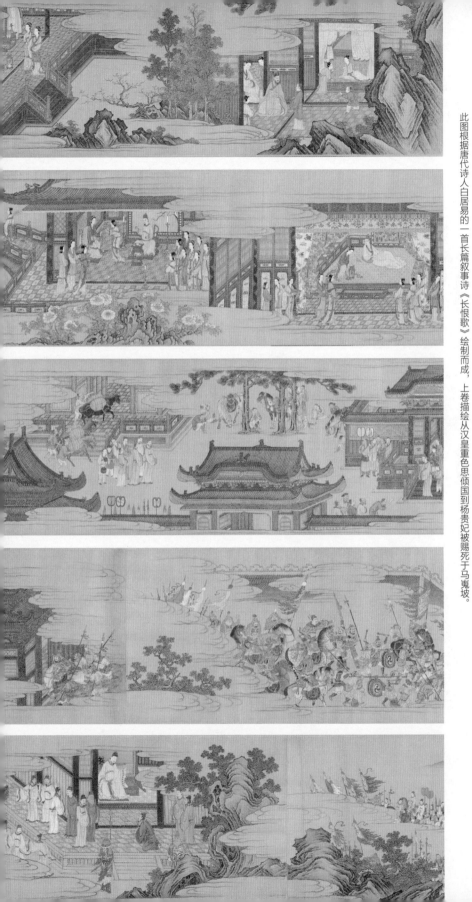

狩野山雪　长恨歌图（卷上）

此图根据唐代诗人白居易的一首长篇叙事诗《长恨歌》绘制而成，上卷描绘从汉皇重色思倾国到杨贵妃被赐死于马嵬坡。

狩野山雪　长恨歌图（卷下）　下卷主要描绘明皇对贵妃的无限思念，全卷着重表现唐明皇与杨贵妃凄美的爱情故事。

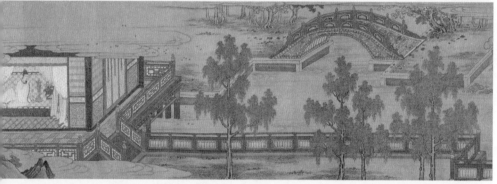

马嵬坡兵变。在马嵬坡杀死杨玉环后，唐玄宗流离到巴山蜀水，只有少量扈从跟随。此后，太子李亨即位，指挥平息叛乱，玄宗也从当朝天子成为丧失实权的太上皇。

757 年 12 月，长安光复后，唐玄宗从蜀中回到了京师。756 年 10 月，由于百般怀念杨玉环，唐玄宗重新回到华清宫，然而这里已经是人去楼空，再也不见往日的繁华。看着眼前这座破败的宫殿，回想起当年与杨贵妃每天形影不离，在这里过着神仙般的日子，如今却只剩下自己一个人孤孤单单，苟且度过余生，这位老皇帝不由得潸然泪下，肝肠寸断。

一位本可以创立丰功伟绩的帝王，一个太平盛世的国家，在华清池的温泉水雾、歌舞升平中，就这样消失殆尽了。回到京师后，唐玄宗因烦闷生了重病，762 年，他在屈辱悔恨和思念之中孤独地离开了人世，那一年他 78 岁。

763 年，持续八年之久的"安史之乱"落下帷幕。这场动乱使大唐从盛世的顶峰跌落下来，大唐帝国歌舞升平的景象一夜之间消失得无影无踪，一个空前的盛世结束了，曾经的繁华也一去不返，大唐王朝从此日薄西山，在风雨飘摇中走向没落。那么，唐华清宫到底是不是在安史之乱的战火中焚毁殆尽了呢？翻阅新、旧唐书和《资治通鉴》《临潼县志》等文献，考古专家都没有发现安禄山进军及撤离长安时将华清宫付之一炬的记载，这是史家的纰漏，还是安禄山并未作恶烧毁华清宫呢？这座最为壮观的温泉宫殿究竟毁于何时呢？

认为华清宫毁于安史之乱，实际上是没有事实依据的。在潼关失守之后，安禄山进驻长安时并没有发生过军事抵抗，所以安禄山没有必要去毁坏华清宫。同时，据文献记载，在安史之乱之后，唐代敬宗、穆宗，包括宣宗都想来华清宫游幸，这也说明了华清宫不是毁于安史之乱的。

元代文人李好文在《长安志图》中写道："禄山乱后，天子游幸益鲜，唐末遂废。"这说明华清宫在安史之乱后还有过帝王游幸，只不过安史之乱后唐王朝江河日下、国势日衰，华清宫由于背上了祸国殃民的罪名而声名狼藉，被世人唾弃不齿。在此后的数百年里，再也没有帝王在那里修建过离宫别苑，唐华清宫也就不再有往日的恢宏与壮丽。

　　五代时期曾对唐华清宫进行过一次修建，到了宋代华清宫被更名为宁泉关后，也进行过修整，元、明、清三代也对其进行过修葺。但后世朝代对华清宫的修葺多为局部修补，由于政治经济中心东移，华清宫再也没有达到唐朝时期的辉煌盛况。经过多年风雨侵蚀、烈日暴晒，大多数建筑年久失修，再加上山上泥土冲积掩埋，中国历史上最为恢宏的皇家温泉宫殿，就这样慢慢荒废掉，消失在历史的风烟中。

　　华清宫这座充满了浪漫和传奇色彩的宫殿，代表了大唐盛世的奢华与荣耀，见证了唐王朝一步步走向兴衰的风雨足迹。只有繁盛的大唐才有能力建造出这样一座气势磅礴、宏伟壮观的宫殿建筑，而华清宫——这座中国历史上最恢宏的温泉宫殿，也作为盛世大唐的一个符号，伴随着盛唐的落幕成为让人难以忘却的记忆。

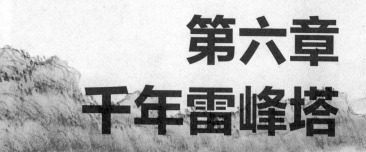

# 第六章
# 千年雷峰塔

# 雷峰塔的身世之谜

"西域浮屠也。从土，荅声。"这是《说文》中对"塔"字的解读，塔的本义为佛教楼阁式的多层建筑，在我国是一种非常重要的建筑类型。在我国的众多塔类建筑中，有一座千年古塔可谓是家喻户晓，它因为白娘子的爱情故事而名扬天下，但很少有人知道它真正的身世，这座塔便是雷峰塔。

雷峰塔伫立在美丽的西子湖畔，它原本是一座佛塔，相传，有一条勇于追求真爱的白蛇曾被法海和尚镇压在这座塔下。人们相信，唯有西湖水干，雷峰塔倒，白娘子才能重获自由。1924 年，这座伫立千年的雷峰塔轰然倒塌。或许是因为这个美丽的传说，杭州的百姓并未觉得惋惜，反而欢呼雀跃、奔走相告，庆贺白娘子终于获得了自由。然而，传说中的白娘子是否真的获得了自由我们不得而知，我们只知道二十一世纪初的一场考古发掘，无意间揭开了这座千年古塔的传奇身世。

那是 2000 年的一天，出于景区规划的需要，杭州市政府决定在雷峰塔倒塌的废墟上，重新建造一座塔。于是，对雷峰塔遗址的考古勘察也很快就拉开了帷幕。

千百年来，雷峰塔总是和白娘子的爱情传说联系在一起，那么，真实的情况会是如此吗？这座塔真的与白娘子的爱情故事有关吗？在堆积如山的废墟里，考古队员怀着对雷峰塔传说的好奇，开始仔细搜寻着隐藏的线索。

就在地面清理进行两个月后，一个关键的证据出现了——这是一块残缺不全的石碑。这块石碑上虽然仅存了 162 字，但详细记述了当时人们建造雷峰塔的重要信息。通过对剩余文字的解读，人们发现原来雷峰塔的身世与《白蛇传》并没有关系。在石碑的落款处，赫然写着"吴越国王钱俶拜手谨书于经之尾"。可见，这座雷峰塔真正的建造者，是一千多年前吴越国一位名为钱俶的国王。

　　这块石碑上的字迹非常清楚，这个字迹是吴越国王钱俶在塔快建成（约977年2—3月）时所刻。这块石碑证实了白娘子、法海、许仙等人与雷峰塔的爱恨情仇终究只是个传说，而隐藏在历史迷雾背后的真相，都落在这位吴越国王钱俶身上。

　　那是遥远的906年，大唐王朝结束了自己两百多年的统治，一个藩国割据的年代取而代之，史称"五代十国"。五代十国时期是中国历史上的又一次大分裂时期，这一时期，我国北方的中原政权更迭频繁，先后出现过五个朝代。而南方地区更是纷争不断，同时出现的割据政权甚至有十几个之多。可是，正是在这样一个群雄纷争的乱世中，位于东南的吴越国却呈现出一派稳定繁荣的景象，甚至还主持修建了流传千年的雷峰塔，这不得不说是一个乱世中的奇迹。

　　895年，镇海节度使钱镠平息两浙战乱之后创立了吴越国，并选定杭州作为国都。为了休养生息，钱镠将"保境安民"定为基本国策，并且三扩杭州城。钱镠建筑海塘、兴修水利、发展农桑，让杭州呈现出一派欣欣向荣的景象。

　　当时，吴越国的国君钱镠崇信佛教，他不但自己信佛，还在全国范围内大力兴修寺庙、礼佛诵经。一时间，吴越国境内

杭州雷峰塔出土的黄金容器

雷峰塔模型

**钱镠像**

杭州临安（今浙江省杭州市临安区）人，吴越国的开国国君。

寺院林立，青烟缭绕，梵音不绝，杭州更是被赋予了"东南佛国"的美誉。到了948年，也就是钱镠去世的十六年后，他的孙子——年仅二十岁的钱俶被拥立为吴越国王。到钱俶即位时，吴越国政权已在钱氏四位先王的手中延续了五十余年。此时，年轻的钱俶不敢有丝毫的懈怠，他在勤勉于政事的同时，也严格遵循着祖父钱镠的遗训，那就是"永不称帝"。

当时，钱镠认为在两浙的土地上，吴越国是不可能独立出来的，他们只有服从中原、侍奉中原、尊重中原，才能保境安民，让吴越百姓免受战争的侵扰。于是，在佛教思想影响下，开国君王钱镠在"保境安民"的基本国策下，又制定了"尊奉中原，永不称帝"的治国原则。钱俶继位后，仍然延续先王的立国之本。就这样，免受战乱的杭州在多年的和平中成为中国东南地区最为富裕的都市。

此时，中国北方平原与东南吴越国的安宁却截然相反，当时是960年，后周大将赵匡胤发动陈桥兵变，一场惊心动魄的战争正在进行。很快，赵匡胤夺取了皇位，他取代后周，改国号为宋，史称北宋。而雷峰塔的身世，便与北宋政权息息相关。

# 塔因佛而起

五代十国末期，南方的吴越国歌舞升平，北方的中原却展开了一场大决战。赢下战争后，赵匡胤登基，史称宋太祖。为了表达对北宋政权的拥护，吴越王钱俶立刻派遣使节前往开封面见赵匡胤，并主动要求对北宋王朝纳贡称臣。

赵匡胤对恭顺的钱俶十分满意，他以礼款待了吴越王国的使臣，还赐封吴越王钱俶为"天下兵马大元帅"。然而，即使与宋朝保持了极为友好的关系，钱俶内心依然忐忑不安。要知道，赵匡胤登基之初，中国版图上除了刚建立起来的北宋之外，还同时存在着后蜀、南汉、南唐、吴越等割据势力，但还没过十年，荆湘、后蜀、南汉三地就相继被赵匡胤消灭。

此时，北宋终结五代十国分裂局面的大势已经形成，赵匡胤究竟会如何对待自己？吴越王钱俶不由得担心起来。毕竟，杭州是当时少有的富饶城市，而且，吴越国也只是表面繁华稳定，实际上却面临着巨大的危机。赵匡胤东征西讨，可谓是勇猛似虎、机智如狼，然而，这头虎狼能否放过自己、放过吴越，钱俶心里实在是半分把握也没有。在这种情况下，钱俶却没有秣马厉兵，发展军事，而是每日诵经礼佛，向佛祖祈求吴越能国泰民安。

在吴越国有这样一件皇室珍藏的佛祖圣物。相传，释迦牟尼八十岁涅槃，弟子们焚化了他的遗体后，在灰烬中发现了一些奇异的结晶体。这些神奇的骨烬颗粒被称作舍利，佛祖的真身舍利被分成八万四千份，散布世界各地，其中有一部分传入了中国。崇信佛教的吴越王室，很

宋　佚名　宋太祖坐像

画像上太祖头戴幞头，脚穿皂纹靴端坐于龙椅之上，英姿勃发。

宋　佚名　宋太宗立像

画像上太宗头戴幞头，黑鬓发，淡眉，微须，目光柔和。

幸运地获得了一份佛祖的头发舍利，人称佛螺髻发。佛螺髻发其实就是佛的头发，当时，这个佛螺髻发被钱俶看作皇室秘宝加以珍藏。

吴越国的命运何去何从难以预料，这件事已经大大超过了钱俶的能力范围，他当时满心考虑的，便是这件佛祖舍利倘若不幸卷入战争，在动乱时局中又该如何保存的问题了。经过一番深思熟虑，钱俶决定在杭州修建一座佛塔，用来妥善放置佛螺髻发。同时，他也希望凭借此举，让吴越王国能在佛祖的庇护之下顺利渡过难关。

打定主意后，钱俶开始为佛塔选址。当时，南屏山延绵横亘于西湖的南岸，钱俶继位不久后，便在这里兴建了净慈寺。到了 971 年，高僧延寿禅师居住于此已有多年。一天，钱俶在净慈寺见到了延寿禅师。面对势不可当的统一大势，钱俶深感自己无力主宰国家的命运，唯有修建佛塔安奉舍利并祈求国泰民安。

钱俶的想法得到了延寿禅师的赞许，就在两人相谈甚欢时，钱俶的目光恰好落在了不远处的雷峰山上。就这样，一幅美妙至极的画卷在钱俶的想象中徐徐展开。南北相对峙，一湖映双塔……如果将佛塔建在此处，不仅能与西湖对岸的宝石塔遥相呼应，而且净慈寺近在眼前。有名寺高僧在此守护佛塔，雷峰山无疑就是造塔的最佳地点。

972 年，在钱俶的号召下，来自五湖四海的能工巧匠们都会集在西湖南岸的雷峰山，用于尊奉佛祖舍利的佛塔也终于开始破土动工。如此浩大的建筑工程，在史料中的记载却只有寥寥数语。如今，究竟有哪些人参与了设计和建造我们已经无从得知，唯一可以确认的是，在雷峰塔建造之前，盛行礼佛之风的吴越地区已经遍布各式各样的佛塔。

在西湖北岸的宝石山上赫然矗立着六面七级的实心砖塔，其名曰"宝石塔"；钱塘江边闸口，更是有着一座独特的白塔。这座白塔以白石砌叠，浮雕精细生动，八角形楼阁样式更是吴越国首创。不过，真正将吴越国造塔技术推向高潮的当属六和塔的建成。六和塔的外观沿袭了白塔的八边形，但在建筑材料上，它却一改以往砖石砌塔的形式，有了新的变化。

中国早期的佛塔通常采用木结构，其中最为出名的便是北魏时期修建的永宁寺塔。可是，这座木塔却被一场雷电引起的大火焚毁殆尽了。或许是出于木塔容易引起火灾的考量，工匠们改用具备良好防火性能的砖石来造塔。到了唐朝时期，人们为了美化外观，将佛塔进一步发展成为木构檐廊在外，砖砌塔身在内的建筑样式。

吴越国六和塔采用的就是这种既安全又美观的砖木混合结构，而一千多年后的考古发掘现场，种种迹象都表明雷峰塔沿袭的正是六和塔的砖木混合样式——雷峰塔的塔心为砖石砌成，塔沿和栏杆则是木头构建。然而，考古人员根据残留遗迹复原雷峰塔结构时，却发现了一个不同寻常的地方。

# 得以保存的石刻佛经

雷峰塔得以流传千年，除了与塔本身材料息息相关外，也与其考究的建筑方式有关。当时，考古人员在废墟中进行瓦砾的基本清理时，发现雷峰塔的基本轮廓暴露以后，塔的自身体量是非常大的。

雷峰塔是一个双套筒结构的建筑，从外到里的结构有一个副阶，也就是所谓的外回廊。雷峰塔的中部是一个塔的外套筒，由回廊、内套筒和塔心室三个部分组成。通常情况下，当时所建的佛塔一般只有一个回廊作为进出的通道，而在雷峰塔内，人们却用砖砌成了内外两层套筒，雷峰塔也因此形成了两个回廊。

不管是千年之前也好，现在也罢，这种塔建设计都是非常少见的。那么，多出来的这部分外回廊是否有特殊用途呢？原来，根据钱俶的构思，雷峰塔虽然以六和塔为蓝本，但在规模和高度上，雷峰塔都要远远超过六和塔，这样才能显示出供奉佛螺髻发之地的尊贵与崇高。

不过，仅仅在规模和高度上扩大，显然是无法满足钱俶对雷峰塔的想象的。此时，钱俶强烈渴望一处点睛之笔，来突出这座佛塔的独特。就在钱俶专心于雷峰塔的设计之时，一封来自大宋朝廷的诏书抵达了杭州。这一次，赵匡胤发出了与钱俶共同出兵，讨伐割据政权的邀请。而赵匡胤的进攻目标，正是与吴越国毗邻的南唐。

南唐作为五代时期南方的主要割据政权，地处北宋与吴越之间。最为繁盛时期，南唐的疆域遍及三十五州。可是，随着国力衰微，南唐领地不断缩减。到了961年，南唐后主李煜即位之时，南唐已由一个强盛的国家沦落为中原的附属国。

与钱俶一样，南唐后主李煜对北宋朝廷也是极尽恭顺，自始至终都对北宋纳贡称臣，从未有过忤逆赵匡胤的举动。可是，就在赵匡胤给钱俶去信、邀请他共同讨伐南唐之前，赵匡胤给李煜下诏，令李煜前来开封朝见，可李煜深恐入朝有去无回，便以生病为由拒绝了召见。这一举动无疑给了赵匡胤攻打南唐的借口，于是，他决定大举进攻南唐，同时诏示吴越国共同出兵讨伐。

由于深知无力抵抗强大的宋朝，多年来，钱俶不断派遣使者前往开封进献贡品，以求得大宋天子的欢心。为表忠诚，北宋讨伐割据政权时，钱俶还曾多次出兵相助。然而，这一次就连恭顺如钱俶也感觉到"今时不同往日"了。对吴越国来说，南唐就相当于它的一道屏障。一旦南唐覆灭，那么吴越国也就成了北宋的囊中之物，随时有可能遭受灭国之灾。这件事钱俶看得明白，吴越国的老百姓看得更明白。

当时，吴越国内掀起了一片反对攻打南唐的声浪，几乎就在同一时间，南唐后主李煜也派使者给钱俶送来书信，提出要与吴越国结成联盟，共同抗击北宋的请求。李煜在书信中言辞悲切，直指要害——"今日无我，明日岂有君？"可是，钱俶虽然明白唇亡齿寒的道理，却对赵匡胤有着入骨的恐惧。

如果自己不帮助赵匡胤夹击南唐，那么，北宋十万大军的铁蹄必然首先踏平吴越。为了保全祖宗所传家业，钱俶不得不亲点兵马北征南唐。同时，钱俶还派人将李煜的来信呈送给赵匡胤，以表自己助宋灭唐的决心。当然，事情正如钱俶所料。南唐国灭后，吴越国也因国力与北宋差距过大而被赵匡胤收入囊中。可是，钱俶制造的佛塔却完好地保留下来，并一直保留了千余年。

2000年，关于雷峰塔外回廊的特殊用途，考古人员在发掘现场终于发现了端倪。当时，一千余件石刻佛经碎片在短短几天时间内相继出土，而它们几乎无一例外都是在外回廊的填土中被发现的。就这样，这个困扰考古人员多日的谜团终于迎来了解答。

在古代，人们若想把文字永久性地保留下来，就要通过古代刻印的方式，将文字刻在石头上。因为古代有很多次灭法活动和灭法时期，如果将佛经印在卷轴上，就很容易遭受人为损坏或毁坏。但如果将经文刻在石头上，则可以将经文长久地保存下去。

我国古代有一种名叫经幢的佛教石刻，就是僧侣们将佛经刻在石柱上的一种建筑。这种建筑是佛教中独有的建筑，通常由石头逐级垒砌而成，基座四面雕有佛像，主体部分则刻满佛经，供佛教徒瞻仰念诵。因为刻的主要是《陀罗尼经》，故而得名为经幢。

在吴越国境内，这种经幢几乎遍布全国。而经幢这种保留方式恰好与雷峰塔外回廊发现的石刻佛经十分相似。由此，我们可以推想，当年钱俶或许正是受到了经幢的启发，才最终完成了雷峰塔独一无二的设计。


# 烽烟吴越


从历史上看，975 年似乎并不算什么重要年份，但这一年对吴越国来说，却实在算是个"多事之秋"。当时，北宋军队势如破竹攻破南京城，南唐后主李煜奉表投降，至此，南唐朝廷宣告灭亡。南唐灭亡，与南唐唇齿相依的吴越国在强大的北宋面前已然岌岌可危。

果然，没过几天，一封来自北宋的诏书就火速抵达杭州。赵匡胤甚至懒得对吴越国做一些表面文章，他在诏书里直接套用了对付南唐后主李煜的办法，邀请钱俶前往开封相见。诏书一到，吴越国朝廷上下一片惊恐。要知道，赵匡胤的惯用手法就是将小政权的国君骗到都城进行扣押，当作人质，而且，小政权的国君还不能自己来，必须要带上家中老小及国内重要的文臣武将一起去开封，这一去就不可能再回来了。当时，李煜就是不想成为俘虏，才决定与赵匡胤一战的，如今，钱俶又何尝不明白这个道理呢？可是，如果钱俶不去，那李煜和南唐的下场就是前车之鉴。北上开封凶多吉少，但拒绝入朝就意味着公开的决裂。南唐灭亡的悲剧就在眼前，钱俶别无选择。

976年正月，钱俶带着深深的感伤和无奈离开杭州、北上开封，觐见太祖皇帝。而这一年，杭州的冬天也显得特别的漫长。钱俶北上，吴越王宫一片寂静，西子湖畔建造雷峰塔的工程也被迫中断，只有城内钟磬不绝的寺院中依然是青烟缭绕。当时，吴越的百姓们感念钱俶不愿战火燃起的恩德，纷纷去寺庙祈求着吴越王钱俶能够平安归来。不过，再漫长的冬季也有冰雪消弭的时候。

杭州的春天姗姗来迟，吴越之地惶恐的气氛在春意中逐渐消散。这时，千里之外的开封传来消息，吴越王钱俶受到宋太祖隆重的礼遇，已经踏上了归来的路途。据说，赵匡胤以历史上少有的隆重规格接待了钱俶，他不仅专门疏通一条古代已经淤塞了的河，而且还在开封建造了一座很大的王府，名叫"召越馆"。种种迹象都表明了赵匡胤对吴越王钱俶的重视。钱俶入住召越馆后，赵匡胤还亲自来此处拜访他。赵匡胤如此兴师动众，让钱俶感激涕零之余，也萌生了能保住吴越国的念头。

临行前，赵匡胤秘密赐给钱俶一个黄锦匣，同时，赵匡胤叮嘱他离开开封之后方能开启。钱俶遵从旨意，直到返回杭州才打开了这件神秘的礼物。当钱俶打开礼盒后，立刻就被里面的东西震惊了——原来，这里都是大臣们劝赵匡胤杀掉钱俶的奏折。赵匡胤将这些奏折交给钱俶，就是要让钱俶感恩戴德，并主动纳土归宋。

可是，纳土归宋是钱俶最不愿意面对的现实。其实，早在钱俶北上开封之前，重病在身的延寿禅师就曾劝解过钱俶。当时，钱俶亲自来见延寿禅师，延寿禅师告诉钱俶，佛家语言里有一个词叫"舍别归总"。意思是佛家里面有许多派别，这些派别虽然有不同的见解，但最后一定要统一于一个真理，这个真理就是释迦牟尼的思想。延寿禅师的意思是，小政权最终要归于统一的王朝，为百姓免除战争之苦，钱俶应当舍弃吴越政权，纳土归宋。

当然，延寿禅师这句话说得虽然有理，但钱俶怎么甘心让去皇位呢？吴越国是钱俶的祖父钱镠生逢乱世九死一生打下的江山，历经三代先王的励精图治，八十年苦心经营方才有今日繁盛的局面。二十多年来，钱俶对大宋朝廷言听计从，为表忠心，钱俶甚至不顾唇亡齿寒，帮助北宋灭南唐。他的目的，就是保住吴越附属国的地位，让吴越政权得以延续。如果真的将政权和疆土献给大宋，那钱氏家族创立的基业就毁于一旦了。如此，自己又该如何面对九泉之下的先王呢？

就这样，钱俶面对纳土归宋的劝告，面对是否交出吴越政权这个问题始终心怀侥幸。钱俶一直在期盼新的转机出现，在这种期盼中，钱俶又开始继续之前被迫中断的雷峰塔。此时，雷峰塔只建到了第四层。按照这样的进度，雷峰塔至少还需要五年时间才能竣工。

为了早日完工，钱俶不得不担负起监督的职责，以加快造塔工程的进度。可是，就在这一年秋天，千里之外的北宋都城却发生了巨大的变故。而这个变故，也直接导致钱俶的雷峰塔被迫提前"竣工"。那么，这个变故究竟是什么呢？让我们继续往下看。

# 有国百年心愿足

当年，宋太祖赵匡胤率大宋铁骑统一中原，只留下南方的吴越国一息尚存。那边，宋太祖却频频暗示，让钱俶纳土归宋。这边，吴越国王钱俶却一心等待转机，希望能保住吴越的附属国之位。就在双方僵持不下时，大宋却出现了一个重大变故——在一个深夜里，宋太祖赵匡胤毫无征兆地悄然薨逝，继承帝位的是他的弟弟赵光义，史称宋太宗。

随着宋太宗的即位，原本就已经摇摇欲坠的吴越国开始更加岌岌可危。要知道，这位继承帝位的新皇帝，对吴越国的宽宏大度远不及他的兄长赵匡胤。赵光义即位后，不仅在北宋朝廷里大开杀戒、铲除异己，同时更是筹划着将矛头指向吴越，试图加快统一中国的步伐。

北宋的巨大变故让钱俶彻底醒悟，原来，在北宋铁骑之下，保住吴越附属

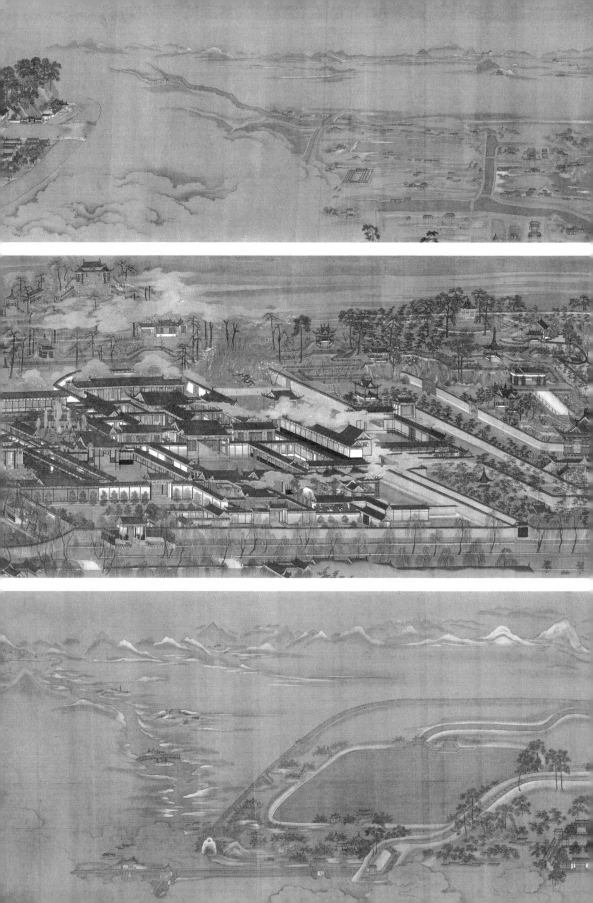

**清　佚名　越王宫殿图卷**

相传为赵伯驹所作越王宫图，宫殿色彩
明丽，富丽堂皇。

国地位终究成了一个奢望。赵光义绝不会像兄长一样容许吴越政权暂时存在，一旦他坐稳了江山，必然会迅速处理吴越政权这样的心头大患。钱俶明白，如果不想让先祖创立的王朝断送在自己的手中，那么唯有孤注一掷，对抗北宋。

话分两头，说回雷峰塔。2000年，人们在遗址发掘现场发现关于雷峰塔塔高的问题疑点重重，在造塔祭文石碑上，遗留的文字透露了钱俶最初对雷峰塔的规划——建造千尺十三层的通天高塔。可令人费解的是，在后世流传的绘画作品中，雷峰塔的形象无一例外仅有五层，而并非最初设计的千尺十三层。由于佛塔是佛祖的象征，其体量的大小和高度都代表着建造者本人对佛祖的崇敬程度。受中国传统文化中"高台近仙"思想的影响，修建高大的佛塔意味着更接近佛教所宣扬的神圣天国。在钱俶的心目中，这座修建在西子湖畔的佛塔必须是前所未有的杰作。在高度和规模上，这座雷峰塔也势必要

**南宋 李嵩 西湖图**

《西湖图卷》全图采用鸟瞰构图形式，画的中央一片空白，为西湖湖面，湖上方山峦起伏，南北高峰对峙，雷峰塔鲜明可见。

远超之前的佛塔。那么，是什么原因让他一改初衷，放弃了自己对雷峰塔空前高度的规划呢？一切，都要从那一天说起。

那天，对吴越江山满怀惆怅的钱俶，来到了祖父钱镠的书房。为了缅怀祖父，这里的陈设依然保持着钱镠生前的样子，就在这间尘封多年的书房里，钱俶发现了一幅西湖山水画，题写在画上的一首诗吸引了他的目光——"牙城旧址扩篱藩，留得西湖翠浪翻。有国百年心愿足，祚无千载是名言。"

这首诗写于912年，当年钱镠在凤凰山上想扩建吴越的国土，结果一个专门看风水的方士来见钱镠，称吴越如果在这里扩建，那么其国基业只能有一百年。可如果钱镠将西湖填平，并在西湖上建造王宫，那吴越的基业便能延续千年之久。

钱镠听了方士的建议后却当即驳斥了他。钱镠告诉方士，历史上从来没有过千年的政权，一个政权想要维持千年是不可能的，如果吴越能有百年的国祚，那他心愿足矣。如果将西湖填平了，百姓们就失去了一大水源，没有

水也就没有了土，没有了土也就没有了民，没有人民，又哪里来的政权呢？开国君王钱镠拒绝了风水方士的建议，吴越王宫就在凤凰山上的旧址进行扩建，而西湖也免除了被填平的厄运。

后来，这段佳话广为流传，有人便赋诗赞颂吴越王的开明，并把这首诗题写在了西湖山水画上赠送给了钱镠。"有国百年心愿足，祚无千载是名言。"祖父的豁达，让钱俶不由得幡然醒悟。古往今来，最长的王朝莫过于周朝，可周朝前后也不过八百年。历史上从未有过延续千年的王朝，唯有百姓才是国家的根本。

不久后，当佛塔修到第五层时，负责施工的官员收到了钱俶的命令，那就是改变原来千尺十三层的造塔计划。在造塔祭文中，钱俶对自己的行为也作出了这样的解释：当初的愿望是建造可以登天的高塔，但因人事财力不足未能如愿，内心甚为歉疚。可是，考古学家及历史学者们认为，受到人力财力的限制而提前结束了雷峰塔的建造并非主要原因，要知道，六年前为祈求吴越国渡过危难，钱俶修建佛塔安置佛祖舍利，他深感无力主宰国家的命运，唯有将国泰民安的希望寄托于此。为了表示对佛祖的崇敬，他愿意竭尽一切，立志建造千尺十三层的通天高塔。可是，在造塔的过程中，钱俶却逐渐领悟：虔诚向佛之心，不在于修建的佛塔究竟有多高，从佛教的慈悲精神出发，让吴越百姓避免战乱之祸，保住这最后一片乐土，那才是真正的修佛之道。

这个领悟让钱俶引咎自责，他改变了最初的计划，雷峰塔只建到第五层，安上了塔刹之后，雷峰塔便宣告竣工了。虽然雷峰塔并未实现千尺十三层，但从结果来看，它的影响力却丝毫不减，一直流行到了千年之后的今天。

## 迎接新生的雷峰塔

978 年 2 月，雷峰塔历时六年终于竣工。雷峰塔沿袭八角形楼阁样式，以砖石砌成塔身，外围设有木构檐廊和栏杆，精美的石刻佛经镶嵌在佛塔八面砖壁上，独有的外回廊供人们绕塔礼佛和瞻仰念诵佛经。在动荡的五代乱世里，凭借着坚定的意志和举国的财富，留名千古的雷峰塔在吴越王钱俶的手中，终于出现在诗情画意的西子湖畔。

虽然雷峰塔的修建过程历经波折，但从效果来看，西湖的无上精致却以巧妙的方式馈赠了这位无私的建塔者。从最终的效果来看，雷峰塔高度的变化不失为一个成功的设计。如果按照最初的规划建造十三层，那雷峰塔不免会与对岸高耸的宝石塔形象雷同，适当降低雷峰塔的高度，无意中促成了一组绝妙的美景。

雷峰塔敦厚古朴，宝石塔纤细俊俏，两塔一南一北、隔湖相望，呈现出"雷峰如老衲，宝石如美人"的完美搭配。雷峰塔竣工后，钱俶登上塔顶，将西湖山水尽收眼底。一时间，钱俶也不由得感慨万分。吴越国三代五王保境安民、光泽百世，这个显赫的家族创造了一方人间乐土，但是却必须在最荣耀的时刻选择离开。雷峰塔完工的两个月后，钱俶决意启程前往开封，纳土归宋。

离别故土之时，钱俶跪别祖先。祭拜时，钱俶伤感万分，不知此去是否会成为生离死别，亦不知自己死后，还有无后人继续祭拜钱氏祖先。但无论如何，纳土归宋都成了定局，就在钱俶祭拜祖先的当晚，载吴越王室的船队便驶离了杭州城。暮色中，雷峰塔亦孤独地矗立在山峰上。吴越王钱俶将雷峰塔留在了西子湖畔，独享山色和夕阳。

雷峰塔的建成以仪式般的悲壮，宣告了一代明君开启的吴越国，在另一位仁慈的国王手中悄然终结，这是杭州无人可及的幸运。在改朝换代的历史关口，富庶美丽的杭州城免遭涂炭，三千里锦绣山川和十一万戴甲将士，钱俶悉数献纳给北宋朝廷。至此，五代以来南方的割据政权全部结束，中国历史上第一次实现了强盛的割据政权与中央政权的和平统一。

988 年，也就是纳土归宋的第十年，钱俶迎来了自己的六十岁生日。生日那天，赵光义为钱俶赐酒祝寿，当夜，钱俶便身亡在异邦他乡了。去世后，钱俶被埋葬在了洛阳的北邙山。也就是说，钱俶直到去世都没能回归故土。钱俶去世后，雷峰塔的命运也开始一波三折。北宋末年的战乱中，一把大火

**明　宋懋晋　西湖胜迹图册之雷峰塔**

宋懋晋是一位师从于宋旭而有所成的著名山水画家，其所绘西湖胜迹图册再现了 400 余年前的西湖美景。

将雷峰塔木构外檐焚烧一空。十八年后，南宋王朝定都临安，雷峰塔获得重修，但到了明朝嘉靖年间，倭寇大举进犯杭州，雷峰塔也再次遭受劫难。烈火焚烧后，只有塔身孑然独存。

明代末年，与雷峰塔息息相关的《白蛇传》在民间广为流传。那凄美的爱情绝唱，让人们对这座千年古塔的感情开始发生变化。老百姓希望将白娘子从雷峰塔里解救出来，而大家解救白娘子的方式，就是不停地抽雷峰塔的砖。因为根据传言，只有雷峰塔倒，白娘子才能从塔下出来，才能普度众生。

民间盛传，雷峰塔的塔砖带有白娘子的灵气，有逢凶化吉的奇效。于是，来雷峰塔下盗挖塔砖的人与日俱增。明代的时候，一场大火将雷峰塔外面屋檐焚烧殆尽，加上人们挖砖的行为让塔基削弱，最后，在1924年9月25日下午，这座矗立千年的雷峰塔终于不堪重负，轰然倒塌。

"突如黄雾弥天，殷雷震地。久之烟消雾淡，但见黄土一堆。"一位目击者在日记中留下了关于雷峰塔最后的描述。当然，在雷峰塔倒塌后的废墟中，人们并没有找到传说中的白娘子。令人惊叹的夕照之景从此黯然消失，雷峰塔的传奇身世也随之淹没在了废墟之下，直到七十余载的沉寂之后，雷峰塔才在2001年3月11日迎来新生。

当深藏地宫的铁函被缓缓打开、传说中的舍利塔夺目而出时，考古工作者也为世人揭开了雷峰塔地宫神秘的面纱。跨越了千年时光，吴越王钱俶建塔供奉的佛祖舍利终于出现在世人面前，在舍利塔塔身，人们发现四周繁复的图案描绘了佛祖苦修成佛的事迹——尸毗王割肉贸鸽，这是佛经中一个古老的传说。为了救下被老鹰追逐的鸽子，尸毗王从腿上割下肉，以自己的血肉之躯换取鸽子的性命。

这一刻，人们似乎意识到，纳土归宋、保全百姓，一千年前吴越国王钱俶面临的抉择和忍受的痛苦，与佛教中自我牺牲的信念有着多么惊人的相似之处。于是，人们不禁唏嘘感叹——究竟是历史诠释了佛经中古老的传说，还是传说造就了这段历史呢？

# 第七章
# 临安古城浮沉梦

# 华贵天城，一梦临安

在钱塘江下游北岸有一座古老的城市，它在飘摇风雨中诞生，历尽世间繁华，然而最终如同幻影般从世上消失，这座神秘的古城，便是临安。伴随着南宋王朝的兴衰，临安的命运充满传奇色彩，交错爱恨情仇，更铭刻着一个梦想的诞生和毁灭。

作为南宋王朝的都城，临安是一座让世人惊叹不已的华贵天城。它仅仅存在了一百五十年，却名列七大古都之一，并且成为七大古都里最为秀丽的一座。逃亡的南宋皇帝一眼看中这里，不料却在朝廷上遭遇激烈的反对。当年的临安并未真正获得国都的名义，它的城制也极不符合规范。可是，它却创造了一个鼎盛的时代，一个让宋朝国祚延续百余年，且诞生了无数传奇的时代。

589 年，隋文帝废钱塘郡，在历史上第一次赋予了临安一个全新的名字——杭州。隋炀帝开凿京杭大运河之后，杭州作为这条经济动脉的终点，逐渐富庶于东南。五代时期，吴越国选择了这里作为都城所在地，到了北宋一朝，杭州积累了丰盈的财富与无数华美的建筑园林，还获得了"东南第一州"的美誉。到了公元十二世纪，历史把这座城市推到了转折的关口，继吴越国选中它作为国都之后，杭州又一次等来了机遇。

历史车轮滚滚向前，辗转来到了 1115 年。那时，来自白山黑水间的女真人建立了金朝，金朝迅速崛起之后，便与北宋联手消灭了称霸北方的辽国。不料，取得胜利不久，金兵便掉转马头，将矛头对准了曾经的盟友——大宋王朝。

1127 年，这一年对每一个北宋人来说都是屈辱且悲惨的一年。金兵大举南下攻陷国都东京，北宋王朝在女真人的铁蹄下彻底崩溃。亡国之君宋徽宗和宋钦宗被迫北上，从一国之君变成金国的阶下之囚。燕云十六州这块曾是北宋初年几代皇帝梦想征服的土地，如今却与大宋天子一样都被金人踩在脚下。

就在亡国之君北上归为降臣之时，在河南应天府，一个名为赵构的年轻人成为宋室王朝的继任者，史称宋高宗。作为宋徽宗第九个儿子，他本是与皇位无缘的。然而，他的兄长宋钦宗与父亲宋徽宗一道成为金国的俘虏，作为唯一"漏网"的嫡系皇子，赵构就这样"幸运"地做上了南宋的开国之君。

在中兴大宋的旗帜下，宋高宗赵构可谓是众望所归，占尽了天时与地利，也理所当然地成为号令全国的正统领袖。于是，1127年不仅成了北宋覆灭的末年，也成为南宋王朝在风雨飘摇中宣告诞生的元年。这一年，赵构不过二十岁。

在焦灼迷茫之中，赵构或许是回想起父兄被挟持北去的屈辱，所以无论朝野人士如何恭请还驾，赵构就是不肯回銮旧都东京。又或许面对虎视眈眈的金兵，赵构意识到也许退避江南才是保全自己的唯一选择。就在此时，一首名为《望海潮》的宋词吸引了他的目光。

"东南形胜，三吴都会，钱塘自古繁华。"这是婉约派词人柳永作的词，这首《望海潮》浓墨重彩地渲染了杭州的富庶

宋　佚名　宋高宗坐像

该幅画高宗头戴乌纱展脚幞头，身着朱红袍服。气质温文儒雅，双目炯炯有神。

和美丽。"烟柳画桥，风帘翠幕，参差十万人家。"这样的美景深深吸引了赵构，也迎合了赵构渴望南下的心思。于是，南下钱塘，便成了萦绕在赵构心头且挥之不去的情结。

1129 年春天，经历了多日流亡之后，赵构终于如愿来到了柳永笔下的杭州。当赵构亲眼看到诗人穷尽华美之词描绘的景象时，他不由得心动了。胜似仙境的西湖重湖叠巘，三秋桂子，十里荷花，还有日夜荡漾在湖面上的笛曲和采菱歌……杭州画卷在赵构眼前徐徐展开，极大地抚慰了他被金兵驱逐多年的心。

对于疲惫不堪的宋高宗皇帝来说，恢复中原、王师北定早已不是他的梦想。此刻，他最想要的就是停下亡命的脚步，寻找一处适合的休息场所，让自己的下半生安稳富有地度过。恰好，杭州向他敞开了温暖的怀抱。登临凤凰山顶后，赵构越发相信杭州早已为他的到来准备好了一切。

南渡之后，重建皇宫的经费问题一度困扰着年轻的高宗皇帝。而位于杭州城南的凤凰山是昔日吴越王宫所在，到了北宋时期，这里继而成为杭州府治。庞大的古建筑群分布于山林间，楼堂亭观、错落有致。眼前这些历经战乱而幸存的建筑和园林，无疑就是最恰当的居所。

这一年，赵构诏令，将凤凰山上的杭州府治改为行宫，意欲定都于此的想法逐渐流露。不久之后，杭州被赋予了一个颇有意味的新名字，"临安"，而关于临安的故事也就此开始了。

# 偏安一隅的南宋朝廷

北宋末年战乱纷争不断，宋高宗赵构作为宋朝嫡系皇室的"漏网之鱼"，在金兵的铁骑之下仓皇逃命。从北到南，从应天府到临安，赵构几经奔波，终于找到了属于自己的临时安乐窝。可是，初来临安的赵构无论如何也想不到，自己在安乐窝的美梦很快就要被惊醒了。

当时，赵构落脚杭州还不到一个月，他最信任的护卫亲军就在宫廷内发动了兵变。护卫亲军先是逼迫赵构退位，接着将他软禁在显忠寺中。突如其来的宫廷政变让赵构惊恐万分，护卫亲军的军官对他继承皇位合理性的质疑，更是深深刺痛了赵构的心。然而，这一刻，赵构刻骨铭心地意识到，自己的性命就如同暗夜里的残烛，随时都有可能熄灭。但他却并没有幡然醒悟，而是更加坚定了"及时行乐"的决心。

赵构命不当绝，从各地会集而来的勤王之师迅速击溃了叛军，几经周折，赵构勉强复位，这一次，他强烈要求定都临安。可是，朝堂之上，这个想法却遭到了力主抗金的臣子们的强烈反对。臣子们认为，收复中原、还都东京势在必行。即便不回东京，也要去南京。因为杭州太靠东南，生活过于舒适，很容易磨灭光复中原的志向，东京和南京才是国都的妥当之选。

大敌当前，为笼络人心，赵构不得不做出抗战复国的姿态。尽管对临安十分不舍，但最终赵构还是下诏，离开杭州，移都南京，全面迎战金兵。1129 年 5 月，当南宋王室的车队即将启程时，赵构恋恋不舍地回头看了一眼夕阳下的凤凰山。此时，他根本想象不到这个恢宏的建筑群，竟然会在不久的将来永远地消失。

到达南京不久，赵构就发觉了自己命中注定颠沛流离。因为金朝军队再次南侵，南宋的长江防线全线崩溃。无奈之下，赵构被迫从南京城仓皇出逃，就在他一路奔波逃亡之时，金兵又迅速占领了临安城。直到退无可退之时，赵构不得不将南宋小朝廷放在几只船上，入海避敌。这一年，南宋君臣漂荡在大海的波涛上，就这么度过了春节。

在颠簸的船只上，高宗皇帝再次深切地怀念起临安城来，如果没有这场巨变，此时的西湖边该是如何一片华灯异彩、焰火映天的景象啊！高宗皇帝躲藏在颠簸的小船上，对曾经的安乐窝念念不忘。可是，此时的他，却只能看到准备撤离临安城的金兵在凤凰山上点燃的大火，只能看到黑色的烟雾遮天蔽日。

大火烧了三天三夜，当朝阳再次升起时，凤凰山上只剩下一片废墟。由于不善水战，金兵最终撤回长江以北，临安城失而复得。侥幸逃生的赵构再

宋　佚名　人物故事图卷（迎銮图）

此图表现了南宋抗金战争中的宋高宗赵构的母亲韦后南归的历史事件。

南宋　赵伯骕　万松金阙图（局部）

图中所画是临安皇城之北的万松岭，"金阙"特指皇帝的宫殿，万松岭相当于宫城的后花园。

一次返回凤凰山，可是昔日景观已化为灰烬，眼前的凄凉之景让他不禁黯然神伤。

在过去两年艰险的逃亡中，赵构越发坚定自己定都临安的想法——南京并不安全，唯有临安才是国都的首选。南京离金人太近，单凭一条长江天险，绝非轻易能守住。临安则不然，它不仅有一道天然屏障——钱塘江，而且水路更是四通八达，对内对外都能借舟楫之力，进可攻、退可守。

或许是赵构一意孤行，让大臣们无法再反对，或许是臣子们也厌倦了颠簸的日子，总之，在 1132 年，赵构正式宣布临安成为南宋政权的最终归宿。然而，为了抚慰一心还都东京的抗战派，赵构从未给临安赋予真正的国都名义，它仅仅被称作"行在"，意思是皇帝行宫的所在地。不过，对赵构来说，国都也好，行在也罢，这只是一个名头而已，真正重要的，是他可以名正言顺地住在临安，再也不必奔波飘摇了。

不久之后，一道圣旨昭告天下，消息很快传遍了全国。就这样，一个繁华至极的都市，一座最为独特的宫殿即将诞生。在这里，南宋朝廷将延续一百五十余年国祚，在这一百五十余年中，这座古城迎来了忧国忧民的才子佳人，也送走了空留余恨的将士，只有无数传奇萦绕在临安古城周围，让后世的我们心向往之。

# 坐南朝北的临安皇宫

正如赵构心心念念临安一般，在金兵"造访"临安后，临安也不由得怀念起赵构来。两相呼应下，临安城又重新拥有了赵构。不过，重返临安后，赵构面对凤凰山上被烧毁的宫殿，却不得不重新为皇城物色一个合适的地方。

当年，赵构初来临安时，便对西溪留下了极深的印象。西溪河网交错、港汊纵横、鱼塘密布、梅香竹翠，一派江南水乡风光。这里独特的景致和宜人的气候，让赵构不由得倾心不已。在惊恐不安中，年轻的赵构度过了他登基之初的岁月，那段岁月是永无止境的逃亡，这种逃亡让赵构厌倦，也给他留下了无法磨灭的阴影。为了保全自己的身家性命，选一个良址建立宫殿，被这位大宋王朝的继任者奉为了人生的最高准则。很显然，西溪并不符合这个标准。

相比西溪，自己曾经短暂居住过的凤凰山才是最为安全的居所。凤凰山坐落在杭州城南，钱塘江环绕前方。作为全城的制高点，凤凰山不仅便于控制形势，而且还是易守难攻的绝佳之地。即使金兵再次南下，赵构也能从钱塘江上迅速逃离。可以说，把皇城选在凤凰山上，赵构的后半生便可以高枕无忧了。

当然，虽然赵构本人对此颇为心动，但他也十分清楚这样的选择必然会造成临安反常的格局。由于凤凰山位于杭州城最南端，再往南去便是钱塘江和坊市民居，所以扩建只能往宫殿以北发展。如此一来，南宋皇城便会呈现坐南朝北之势。要知道，"坐北朝南"作为中国的王宫定制，一贯被历代统治者遵守，公然违背传统建都规制，势必会在朝野间引起轩然大波，赵构又一次站在了选择的关口。

沉思良久，赵构提笔，在临安城的规划图上写下了一行字："西溪且留下，情深意笃之中，似有缕缕难舍之情意。"这行字是赵构的决断，意味着他最终放弃了

**杭州凤凰山凤凰亭**

凤凰山是杭州城区的五大名山之一，古有诗句"龙飞凤舞到钱塘"。

西溪，选择了已经被金兵焚毁的凤凰山。

受到地形影响，南宋宫殿只能依山而建。为此，被历代统治者视为权威象征的中轴线也不得不被忽略。为了平息议论，皇城坐南朝北这一不得已的结果，也被赵构赋予了新的含义，那便是"坐断东南半壁江山，不忘北归"。如此大义，满朝官员也再没办法提出任何反对的意见了。

按照常理，赵构选定地址后，凤凰山上一场浩大的皇家工程很快就会拉开序幕。然而，事实却恰恰相反。在赵构定都临安后的十几年间，由于国家财力衰竭，皇城中新修的建筑可谓是屈指可数。直到1142年，也就是赵构定都临安的第十年，上朝去的正殿文德殿才最终建成。

对南宋朝廷来说，这座大殿相当于北京故宫的太和殿。但是，这座宫殿却因为不敷应用，不得不靠临时更换殿牌，来行使其他宫殿的职能。举行大朝会时，这里被称作"大庆殿"；宣布重大任命时，这里叫"文德殿"；为皇帝祝寿时，这里就改为"紫宸殿"……一殿多用，可以说是中国历代皇宫中绝无仅有的奇事了。

为了在日出前赶到凤凰山上朝，居住在皇城北面的大臣们三更时就要从家里出发，为了遵循上朝从南而入的惯例，他们还不能就近从北门进入皇城，只能沿着宫墙绕行很长的距离才能来到南门。经过大臣们多次上书建议，赵构才勉强下令，允许官员平日上朝可以从北门进宫。从此，由后门进出皇宫也成为历朝历代空前绝后的反常现象。

从继位到如今，赵构度过了人生中最艰难的十年。这种艰难并非单单体现在流亡上，也体现在孤独上。当年，金朝以胜利者的姿态带走了赵构所有的亲人，包括他的母亲韦太后。和所有普通人一样，赵构的内心强烈渴望着亲情。所以，每次他想起杳无音信的母亲，都不禁潸然泪下。

1139年，事情突然有了转机，金国派来的使节透露了韦太后的下落，并表示可以以割地的形式进行交换。听闻这个消息，欣喜若狂的赵构当即同意了，同时，他决定征调天下的能工巧匠，为归来的母亲建造一座宫殿——慈宁殿。

从建筑外观样式的选择，到室内器物的布置，一切事务赵构都要亲力亲为。在他的督促之下，大殿的建设速度极快，不到半年时间便竣工完成。不久，谀媚饰耻的诗歌开始纷至沓来。重楼飞阁高下曲折、金碧辉煌，宫殿的顶层更是高若临天。在慈宁殿繁复的造型和奢华精致的装饰中，人们终于看到了北宋盛世宫殿的影子。

当年，赵构被簇拥着推上帝位的确是身不由己，但坐上龙椅之后，赵构才发现号令天下、万民跪拜的感觉是如此让人迷恋。如今，抗金形势的好转和随时可能到来的胜利时常让他怅然若失，当时，他的父亲宋徽宗已经客死异乡，但他的兄长宋钦宗还被困在冰雪覆盖的五国城，侥幸存活下来。倘若有朝一日，南宋朝廷真的能战胜金国，那么宋钦宗这位名正言顺的皇帝必将返回大宋，而自己也要失去现在拥有的一切。面对着挥之不去的噩梦，赵构意识到既然胜利将对自己的皇位造成威胁，那么，偏安江南向金人求和以维持现状，或许才是最佳的选择。

1141 年，赵构用十二面金牌（最高军令）下令岳飞班师回朝。此时，南宋的军队离旧都东京仅有一步之遥。为了将帝国的权力牢牢掌握在自己的手里，高宗皇帝轻而易举地丢弃了唾手可得的胜利。接下来，他要做的就是将议和道路上的障碍一一清除。

明　佚名　岳飞像

岳飞是南宋杰出的统帅，他重视人民抗金力量，缔造了"连结河朔"之谋，主张黄河以北的民间抗金义军和宋军互相配合，以收复失地。

奇妙的历史造就了独特的临安，违反常理、不合规范这是后人给予临安最多的描述，但无论如何，这座注定在历史上与众不同的国都已具雏形。从此，它开始伴随着风雨飘摇中的南宋王朝经历一个多世纪的大喜大悲。

# 陆游的临安沉浮

1141年，在离临安不远的绍兴城里，少年陆游正满心期待着岳飞的凯旋。陆游出身名门，自小便受父亲"收复中原"的慷慨言辞熏陶，踌躇满志，希望能考取功名，像岳飞那样抗金复国。然而，在春节前夕到访的客人带来了惊人的噩耗，高宗皇帝以"莫须有"的罪名杀害了岳飞父子，宋金议和正在紧锣密鼓地同步进行着。

南宋王朝的偏安，让年少的陆游无法接受，岳飞的死讯，更是给他带来了深深的悲痛和困惑。1144年元宵节，刚满二十岁的陆游赴京赶考，这是他第一次来到临安。这里的富有奢华给他留下了很深的印象，但他无意欣赏美景，一心只想着建立功名，学优入仕，以实现自己的报国之志。

在临安的花灯异彩中，人们幻想着北宋太平盛世的重新到来，但陆游却看到了这繁华背后潜藏的隐忧。为此，他在进士考试的试卷中慷慨陈词、力主抗金，希望以此来警醒高居于皇位的统治者，警醒沉溺于安逸生活的百姓。

命运并没有因陆游一心报国而对他有所眷顾，在朝廷上下一片议和声中，陆游的主张是格格不入的。于是，当权的秦桧大笔一挥，陆游在功名榜上的名字便消失不见，从此，陆游的功名仕途也变得坎坷曲折。此后十余年间，陆游多次来到临安参加科举考试，但没有一次能取得好的成绩。投降派一手遮天，宋高宗只求苟活，陆游的失败是早已注定的。

1162年，一味屈辱求和的赵构终于激起民愤，在统治难以维持的困境下，他只得将皇位交给养子赵昚，也就是后来的孝宗皇帝。刚刚即位的宋孝宗尚有一股锐气，他重用抗战派大臣，想要筹划北伐，收复中原故地。此时的陆游已经年近四十，虽赋闲在家，但诗名远扬，爱国情怀更是尽人皆知。因此，孝宗皇帝在即位不久后，便召见了陆游。在朝堂之上，陆游慷慨陈述自己力主抗金、收复中原的政治主张。孝宗皇帝听后龙颜大悦，赐予陆游进士出身，并在朝廷中担任官职。

10月的临安秋高气爽，往昔的阴霾也都一扫而空。即便临安如此繁华，也无法让陆游忘怀对中原的思念，如今孝宗皇帝锐意进取，北定中原势在必行，20年的期盼终于得以实现，此刻的他内心充满了喜悦。不过，大喜过望的陆游忽略了一个关键因素，在孝宗皇帝的御座后面，还坐着一个"谈金色变"的太上皇，虽然他已经退位，但依然拥有干预朝政的能力。这一次他将从幕后伸出双手，将孝宗皇帝收复中原之举扼杀在摇篮之中。

在赵构的主持下，宋金之间新的和议条约再次出台，老一套的割地赔款取代北伐中原，为这位太上皇换来了新的太平。抗金受阻，投降派重新控制朝廷，但陆游依然在延和殿上慷慨陈词、力主抗金。不合时宜的真知灼见往往会衍生出莫须有的罪名，陆游因言论获罪遭遇贬谪，只得被迫离开临安。

在赵构的高压控制下，朝廷内北归故土的声音渐渐微弱，孝宗皇帝能做的除了

**陆游像**

南宋文学家、史学家、爱国诗人。

**清 佚名 外销画之秦桧**

南宋奸臣、主和派代表人物，四大权相之首。

向太上皇请示汇报政事，剩下的时间都用在了继续营建凤凰山上的宫殿上面。偶尔心血来潮之时，孝宗皇帝也会召回被贬的陆游。依然是在延和殿上，陆游依然继续痛陈自己收复中原的心愿，直至泪眼滂沱。但这一番箴言却被孝宗皇帝轻描淡写地打发了，言辞之中还暗示陆游当个闲适诗人就好，不要插手国事。

心灰意懒的陆游离开了延和殿，在政治生涯的起起伏伏中，他消耗了人生又一个 20 年，在繁盛与安逸之中，北归故土早已被南宋统治者抛到了脑后，此时他们最大的理想是将一切江南美景汇聚在后宫庭院之中。

这之后，陆游应召面圣的地点也从延和殿换到了御花园，但他再也没有机会表达自己收复中原的夙愿，奉圣旨作诗赞美这座盛世园林成为孝宗召见陆游的唯一目的，在这座竭力模仿着江南风景的园林中，陆游陷入了深深的失望，他意识到南宋王朝离北方的故土已经越来越远。

1203 年，心灰意懒的陆游上书朝廷，提出告老还乡。离别临安前，他一连两天独自游览西湖，重湖叠巘，亭台楼阁和无休无止的轻歌曼舞重现眼前，陆游却触景伤情，临安曾是他的企盼，从意气风发的少年到白发苍苍的老人，这里收纳了他跌宕起伏的一生。目睹繁华依然的京都，在名为《武林》的诗中陆游感慨万分：

楼台飞舞祥烟外，鼓笛喧呼明月中。
六十年间几来往，都人谁解记衰翁？

萧瑟的秋风中，年迈的陆游踏上了归乡的旅途，从此他永别了临安。7 年后的冬天，在绍兴荒凉的山村中，陆游离开了人世。"死去元知万事空，但悲不见九州同，王师北定中原日，家祭无忘告乃翁。"这是陆游留给南宋王朝的最后一首诗。

# 求来的万世江山

自与金军议和后，宋高宗赵构似乎找到了江山永固的新方法，他以向金国纳贡称臣、割地赔款的方式，换回了半壁江山的统治权。如此，他便拥有了充分的时间来打造属于自己的宫殿。

南渡之初所立"节约经费，草建皇宫"的承诺，被宋高宗抛到了九霄云外，大内宫殿开始大肆翻修增建。很短的时间内，凤凰山上的皇城就已初见雏形，自皇城南面进入立正门，再穿过南宫门，大庆殿平地而起成为前朝的主体。据史料记载，大庆殿并非宏大之作，规模大小仅是北宋大殿的三分之一。缺失了坐拥天下的胸怀，宋王朝的宫廷建筑风格一改汉唐的雄浑质朴，不再追求规模上的宏伟大气，结构逐渐趋向纤弱轻巧，宫殿屋顶的坡度增大，挑檐也不再沿袭汉唐的沉实稳重，而是俏丽飞扬、旖旎多姿。建筑风格渐趋柔和浪漫，这是中国建筑史上一次重大的转型。

为了适应临安乍暖乍寒的气候，来自北方的王公贵族甚至还创造出一种新的建筑样式。围绕在房屋四面的不是墙壁，而是一圈从屋檐到地面的格子木窗，天热时整扇拆除，屋子就变成了仅有立柱的凉亭，春秋时则是保留部分窗户，到了冬天将四面窗户重新装回，再挂上厚厚的布帘。这种散热取凉、防寒保暖兼具的建筑可谓南宋独有。

历史就是如此妙不可言，无能者以每年缴纳岁币所换来的苟且偷生为南宋赢得了短暂的和平，江南的繁荣滋润了这个弱不禁风的王朝，使得北宋都城的盛世图景再次重现。

南宋初年，为了躲避中原战乱，大量北方人跟随着南迁的宋室涌入了狭小的临安城，在拥挤的街巷之中，临安不仅奇迹般地消化了巨大的人口，商业规模甚至达到了鼎盛。据考证，面积仅为十五平方公里的杭州，在当时竟容纳了将近百万人，为了尽可能地节省土地，当时的民居沿街巷彼此紧挨，并且向内进伸，这种迎大街开屋门的房子，使得传统封闭的坊市形制崩溃，带来了各式店铺分布于大街小巷上的情景。开放式街巷的出现大大刺激了商品经济的发展，临安城里繁忙的买卖昼夜不绝，商品样样齐全，甚至于像香水、睫毛膏这一类的化妆品都能买到。一位南宋大臣抱怨临安富庶奢靡时曾说："现在的农夫居然也穿上了丝制的鞋子。"因为羡慕南宋国都的繁华，金国国主完颜亮竟然偷偷派画工潜入临安进行描摹，并最终将这一美景绘制在了自己书房的屏风上。

在这场旷世大移民中，北方人带来了先进的技术和思想，杭州则以它灵动的地形和湿润的气息为新文明的产生准备了最好的土壤。在它们的碰撞和融合中，一座繁荣至极的华贵天城出现在江南山水之间。

即使在宋高宗退位后，大兴土木建造亭台楼阁的工程也依然没有结束。然而，由于宫中房屋紧张，孝宗皇帝不得不在皇城外面为太上皇寻找新的居所。颇具讽刺意味的是，他最终选定的竟是奸臣秦桧的府邸。经过大肆扩建，秦桧旧宅摇身一变成为太上皇安享晚年的寓所——德寿宫。

耗资无数建造园林的戏码再次上演，德寿宫内开始广筑亭台楼阁，遍植奇花异草。据说，当年在赵构的后花园中用于造型的石材都是来自江苏太湖，这是江南奇石中的上品，经过几个世纪在湖底不断冲刷之后才能呈现出如此千奇百怪的形态。

仅仅擅长诗词绘画的皇帝无法成功驾驭一个庞大的国家，但叠石造山艺术却在他充满才情的设计中发挥到了极致。德寿宫的兴建使南宋宫廷的格局出现了变化，中国历史上第一次出现了皇家宫殿分布于皇城外的奇观，为了区别于凤凰山上的皇城南大内，德寿宫被称为北大内。南内与北内并置，独特的皇宫组合，如同充满黑色幽默的象征一般。

临安皇城与清代宫殿的严谨肃穆大有不同，北京故宫的布局完全从封建礼制思想出发，个人兴趣爱好的展现受到限制，但在中央集权还未高度强化的南宋，皇帝的意愿往往可以决定宫殿的设计模式，同赵构一样，孝宗皇帝在艺术上也有着很深的造诣，御花园的设计处处铭刻着他的审美情趣，每一处亭台楼阁更是被别具匠心地制造出中国画的意境。

南宋帝王居处的奢华不在于宫殿的宏大，而尽在园林的精致，建筑和自然山水花木相结合，中国传统造园艺术在南宋达到顶峰。对于自己的设计成果，孝宗皇帝极为满意，此后大部分时间他都待在这里。

柔弱的南宋摇摇晃晃地生存了近一个半世纪，南迁的宋室在临安城重现了北宋东京的盛世繁荣，但谁又能料想到被同样复制的，还有一出相似的灭亡悲剧。1206 年，成吉思汗统一蒙古各部，建立蒙古国。1234 年，蒙古征服西夏，1235 年消灭金国。失去金朝作为屏障，南宋面临着更大的威胁，然而，在这强敌压境、国家危难的存亡关头，西子湖畔凤凰山上却依然是一片湖山歌舞、尽是逍遥的景象。曾经繁华的旧都东京荒芜不堪，南渡君臣早已不思收复，他们甚至忘了外面的世界已经变了，临安在锐利的刀锋下酣然入睡，香甜的美梦总有一天将要醒来。

1276 年正月，蒙古元军大举南下，攻陷南宋都城临安，五岁的皇帝赵显被俘，北宋亡国的悲剧在 150 年后又一次上演。在元军的押解下，年幼的皇帝和王室成员北上大都、归为降臣，绵延 300 多年的大宋王朝在临安完成了最后的落幕。

南宋灭亡后，凤凰山上的宫殿人去楼空。第二年民间失火殃及皇城，南宋宫殿在大火中被焚毁过半，此后宫墙倒塌于地，园林荡然无存，凤凰山上几乎是一片废墟，曾经举世无双的南宋皇城，就这样在一场大火中黯然消失。从此，杭州失去了临安之名，凤凰山也逐渐荒芜废弃，华贵天城临安最终在中国历史版图上淡去，伴随它消失的还有一个帝国华丽的梦。

700 余载的时光悄然飘逝，凤凰山上宋宫建筑荡然无存，唯有赵构的亲笔题字深深地镌刻在崖壁之上。西湖边南宋皇家花园早已败落，在岁月的流逝中，这里变成了百姓游春踏青之地，古老的城门也是无处可寻，那些曾经耳熟能详的名字被铭刻在石碑上，悄然屹立在城市的角落。

昔日的南宋古都早已化作了深埋于地下的废墟，奇妙的是它并没有真正消失，今天在杭州的富庶繁荣和休闲安逸的生活中，依然可以寻觅到南宋留给这座城市的印记，正是这些似曾相识的气息，提醒着人们这里曾有一个名字叫"临安"。

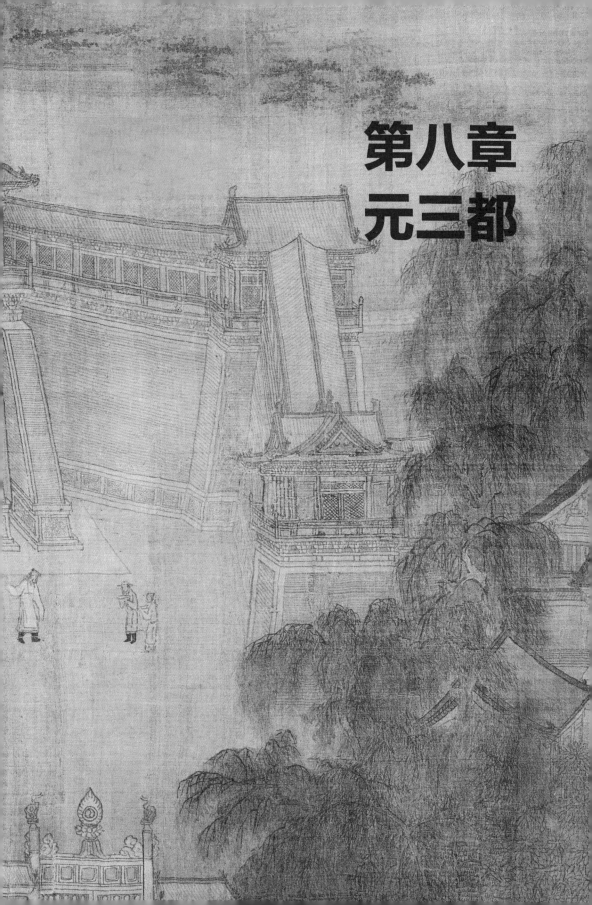

第八章
元三都

# 龙兴金莲川

　　"沙特拉"是内蒙古民间盛行的一种体育游戏，是一种古老的博弈游戏。相传，在成吉思汗崛起之时，牧民从草原进入平原，学会了象棋的走法，按照蒙古族的习惯加以改进，便创造出了这种蒙古象棋。

　　与汉人象棋不同，蒙古象棋的棋局没有河界，可以全盘通行，这与牧民逐水草而居的放牧生活颇为相似。与汉人象棋相似之处在于，蒙古象棋同样取法于《周易》乾坤八卦，每边各八格，一共有六十四个方格。在棋盘形制上，蒙古象棋与国际象棋相似，棋盘方格皆为黑白相间、阴阳相制相生，整盘棋局都蕴含有天地阴阳之象。

　　政局如棋局，对弈的终极目标都是要消灭对方的王。1242年，赋闲在蒙古国都哈拉和林的忽必烈正面对着一盘表面上波澜不惊、实际上却杀机四伏的棋局。忽必烈在褓褓中时，就曾令成吉思汗大感吃惊，在成吉思汗的子孙中只有他的肤色呈现出褐黑色，因此成吉思汗认定忽必烈日后必会成就一番事业。但转眼36年过去，忽必烈依然是汗王，在成吉思汗黄金家族中的地位虽无足轻重，却又一直是其他兄弟的"眼中钉"。

　　忽必烈是有野心的，他是草原上的雄鹰，不能这样碌碌无为下去。为此，他广泛召见能人异士，征询安定天下的良策。1242年，忽必烈将中原佛教领袖海云法师请到漠北草原询问佛法大意。海云法师认为，以人为本，以儒治国，方可建立千秋之伟业。可能是怕忽必烈不理解自己的意思，海云法师还将自己的弟子刘秉忠引荐给忽必烈。

　　刘秉忠秀骨清像，聪敏好学，自幼便被冠以"神童"美誉，然而这位神童却时运乖蹇，他因家贫而弃学，又因仕途的碌碌无为而削发为僧。一个遁入空门的僧侣，一个北地汉儒，他凭什么能够获得忽必烈的信任，这是史学家也难以解答的谜团。一个蒙古王弟，一个北方汉儒，在这样的因缘际会下相遇。这次相遇不仅改变了两人的命运，也改变了整个蒙古汗国的命运。

此时，蒙古汗国已经征服了中亚和东欧的大片领土，曾经盘踞中原的金王朝已灰飞烟灭，只有孱弱的南宋还在坚守着半壁江山。1251 年，忽必烈迎来了人生的第一次机遇，他被蒙哥汗委任统领漠南汉地军国庶事。于是，忽必烈告别蒙古汗国的都城哈拉和林，将自己的金帐扎到了金莲川。

对于忽必烈来说，来到金莲川的感觉并不好，这里是荒野之地，偏僻苦寒，被安排到这里管理汗国事务，实际上是被边缘化。他很清楚，自己已经被蒙哥汗排挤出权力中心，想要再回到哈拉和林，并不容易。

与失落的忽必烈不同，已经还俗并追随忽必烈来到金莲川的刘秉忠却喜出望外。金莲川控引西北，东际辽海，南面临制天下，应是龙兴之地，但堪舆城池并非随性而为，必须在典籍上找到出处方以印证。早在距今 2000 年前的春秋战国时期，集先秦诸子之大成的奇书《管子》就明确提出了选择城址的标准。按照书中的理论，合理的城址应在傍山临水的高敞之地，既确保充足的水源，又能有效避免洪

元 佚名 忽必烈像

蒙古（元朝）政治家、军事家，是元朝的开国皇帝，蒙古尊号"薛禅汗"。

清 佚名 刘秉忠像

元初重臣，参与大元之初创，辅佐元世祖忽必烈"开文明之治，立太平之基"，使蒙元政权迅速完成了由奴隶制向封建制的蜕变。

涝之害。为此，刘秉忠终日奔波忙碌，以汉地儒家风水观念，在山林间勘察地形，几乎走遍了金莲川。最终，他在金莲川选中了一处北依龙岗、南临滦河的水草丰美之地。

1256年夏天，忽必烈开创金莲川幕府，招揽藩府旧臣和四方文学之士，拥有了自己的"参谋本部"。但在刘秉忠眼中，只在荒野中多立几顶帐篷是没有用的，忽必烈必须要有自己的城池。为此，趁忽必烈下棋自娱之时，刘秉忠抓住时机，建言要在金莲川建造一座城池，以昭示忽必烈对汉地庶民的关爱。在他看来，这座城池将成为一种标志，在蒙古贵族革新派和汉儒学士之间搭建起坚固而持久的联系。

逐水草而居，住惯了圆顶帐篷的游牧民族，要建造一座怎样的城池？忽必烈对此并没有主意，但他很认同刘秉忠的一些观点，游牧民族可以在马上得天下，却不能在马上治天下，若要安邦定国，便不能单单依靠军事力量，而是要制定和实施一系列以礼治国的国策。

忽必烈坚定了用汉人行汉法的决心，这或许是一个艰难的选择，后人无法揣度忽必烈的用心。事实上他对儒学一知半解，对汉人也未必信任，但是严酷的现实摆在眼前，作为成吉思汗黄金家族内的一个小小藩王，忽必烈的势力过于孱弱，他必须依仗有着众多人口、丰腴土地的汉人，才能在蒙古藩王之间的血腥残杀中立于不败之地。

也许是时势使然，蒙古人征西夏、灭大金，跨越高加索山脉之后，已经形成欧亚文明大融合的态势，一个引弓射猎的草原游牧民族，历经诸多文明的洗礼，守旧不变只能迎来倒退和失败。于是在刘秉忠的倡导下，蒙古贵族的革新派接受了农耕文明，一座崭新的城池也在金莲川拔地而起。

坐镇蒙古国都哈拉和林的蒙哥汗自然不会放任刘秉忠的"妖言惑众"，他认为刘秉忠的主张和忽必烈的举措会严重威胁到蒙古国都哈拉和林的权威，为此专门命人严密监视，只要稍有反抗迹象，便可拔刀相向。

面对错综复杂的政治形势，忽必烈韬光养晦，生怕王兄蒙哥汗突然发难。让人始料未及的是，1259年，蒙哥汗率领大军征伐南宋时，不幸在四川钓鱼城病亡。突如其来的变故，使蒙古汗国出现了权力真空，各藩王为了成为众

元　刘贯道　元世祖出猎图

此图描绘的是元世祖忽必烈率随从出猎的情景。

汗之王，不惜兵戎相见。

按照蒙古人的习俗，幼子守候祖宗的香火，留守国都哈拉和林的幼弟阿里不哥召集忽勒台大会，宣称自己是继任的蒙古大汗。忽必烈并不打算错失这难得的机遇，他毅然率军北上攻打阿里不哥，并在这场兄弟操戈的汗位争夺中一举获胜。

1260 年，忽必烈用汉人皇帝的登基仪式，宣称自己钦应天命，继任汗位，同时取《易经》"乾元"之意，建国号为大元，并将刘秉忠督建的城池诏令为上都，史称元上都。

# 世界的乐园

如今站在金莲川远眺，龙岗平坦而模糊，一座古都遗址正静静地在这里沉睡。这座古代都城位于内蒙古自治区锡林郭勒盟正蓝旗，虽说都城日益现代化，却处处可见蒙古族遗风，坐落在中心广场的城雕，更体现了民众对忽必烈的膜拜。

历经数百年的动荡，蒙古人和汉人一同守卫着祖先的圣地。如今古都遗址巍然屹立在草原，俯视草丛遍地可见残垣断壁，它是十三世纪游牧民族的见证者，在文物部门的大规模考古发掘中，它那神秘的面纱逐渐被揭开。

考古工作开始之初，专家们先将目光投向了古都中央的一座石砌建筑，围砌在建筑物周边的台阶勾勒出一个巨大的"土"字。根据古代阴阳五行理论，"土"在天下的中央，是天子所居之处。查阅史籍文献可知，这里正是元上都宫城中心的宫城大殿大安阁。在元上都中，一共有 70 多座宫殿，大安阁是较为特殊的一座，这里是举行国家重要活动的地方。皇帝即位、开忽勒台大会、举行朝政典礼、接见外国使臣等活动，都会在这里举行。

作为元上都的主体宫殿，大安阁建造于 1266 年，其建筑用材主要来自宋朝汴京的惜春阁，这种特别的材料来源似乎是一个象征，预示着忽必烈兴儒学、行汉法的决心。从大安阁向北遥望，可以看见另外一座巨型遗址，它像张开双臂的巨人。根据文献记载，它就是元上都中规模最为宏大的建筑穆清阁。

通过勘探发掘，考古专家发现穆清阁的建筑形制非常奇特，它整体呈凹字形，但两面的角却又向回缩，并不是规整的凹字形。根据史籍记载，当年建设穆清阁时，工匠们将洼地中的湖水排干，遍铺石板，然后在石板上建起了穆清阁，但当时的穆清阁是何等样貌现在已经不可知。

1271 年，忽必烈在元上都建造了第一座回族司天台，这是中世纪伊斯兰文明在东亚的第一个文化与学术中心，它以天文学为纽带沟通了欧亚文化大交流。天文学对于牧场迁徙、农林养殖等活动具有重要的指导作用，深受蒙古贵族的推崇，所以考古专家推断穆清阁上的汉式建筑很可能就是回族司天台。现如今站在穆清阁遗址向南望去，可以看见一条笔直的中轴线，元上都的中轴线与这里的子午线刚好重合，由此可见元代天文测量的精准。

中国的传统建筑学讲究对称与均衡，中轴线正是对称的标准，无论是单体建筑的设计，还是整座城市的规划，都要考虑到中轴线的问题。在古代宫廷建筑布局中，中轴线起着统率全局的作用，能够体现皇权的中正、和谐之美，元上都的修建便是围绕中轴线铺开的。

在元上都的中轴线上，南段的明德门取《礼记》"在明明德"之意，表示如日中天、天下大明。作为元上都皇城的南门，它的地位非常重要，每次皇帝在御天门发布诏令后，都需要通过明德门将诏令送到元大都，正如元朝诗人胡助在《滦阳十咏·其六》中所写："御天门前开诏书，驿马如飞到大都。九州四海服训诰，万年天子固皇图。"

元上都建制体现了古人对大地的认识，从空中鸟瞰，内城、皇城、外城组成了一个巨型棋盘。在因循守旧的蒙古贵族眼中，北地汉臣是下等人，不应与他们过从甚密，实行汉法更是错上加错。

为了缓和蒙汉日益尖锐的矛盾，忽必烈并没有将元上都建成一座完全汉化的城池。草原的游牧生活使蒙古人学会了搭建毡帐，他们不习惯定居在汉人的宫殿中，所以元上都中还修建了许多大型的流动宫室。

元上都的建筑布局还随形就势，在汉式宫殿周围保留了草滩，用来搭建蒙古包，很好地体现了多民族的文化交融。整座城池分为宫城、皇城和外城，三重城郭相套成回字形，建筑群落与湖泊草滩相得益彰，城北还有大面积的猎场，真正实现了人与自然的和谐，呈现出一座生态城市。

一座元上都，半部元朝史，元上都辉煌百余年，它曾是十三世纪世界的中心，各国使节交驰往来，他们称元上都为"仙那度"，意思是世界的乐园。作为蒙元帝国的夏都，六位元代皇帝在此登基，这座草原都城见证了蒙汉两族的血脉依存。尤为难得的是，因为没有叠建过新的城池，元上都遗址成了游牧民族保存最完善的大型古代都城遗址。

**明 佚名 卢沟筏运图**
此图描绘 1266 年在卢沟桥附近河运石木以建造大都宫殿的情景。

# 紫禁之城

　　1260 年，年逾半百的忽必烈刚刚登上蒙古大汗的宝座，殿下群臣都在推杯换盏、击节欢庆，忽必烈却面无表情无心赏景，他正在脑海中部署着下一步的战略。精于揣摩的谋臣猜中了忽必烈的心思，这位大汗要在龙盘虎踞的幽燕之地营建一座新的都城，一座巍峨壮丽、冠绝古今的都城。

　　大汗之位还未坐热，一向俭朴的忽必烈为何要大兴土木？这是因为随着元代疆域不断向南拓展，对于统治中原地区来说，元上都的位置过于偏僻，政令难以下达，管理也很难有成效，故而忽必烈需要在中原地区另建一座新的都城。

　　忽必烈并不打算在金中都的基础上兴建新的都城，个中理由众说纷纭。有人认为这是因为随着天文学的广泛传播，占星术也流行于蒙古贵族之间。根据占星学家的卜算，忽必烈认为沿用金中都作为国都，很可能引发不必要的叛乱。有人认为金中都在蒙古铁骑的践踏下已经变成了一片焦土，忽必烈觉得这里过于残破且规模狭促，于蒙古汗国无敌天下的国势不相称，所以才决定另建新都。也有人认为是忽必烈从谋臣那里得知金中都"土泉疏恶"，其水系已匮，难以为继，不能再满足都城的宫苑用水，所以才对金中都弃置不用的。

　　不论原因为何，忽必烈另建新都之事都已板上钉钉。为此，经过数年谋划，1266 年，新都城的筹建工作正式开始，负责筹建这座新城的，仍然是深受忽必烈信任的汉臣刘秉忠。

　　相比于元上都，元中都的兴建要更加困难，刘秉忠面对的首要难题就是解决城池水源。为此，他找到了自己的学生郭守敬，让他去寻找一处水源充足的地方来营建新都。

　　郭守敬幼承家学，精通五经，熟知天文、算学，并擅长水利技术，刚成年时便在邢台一带承担整治开挖水流河道工程的规划设计，并成功疏浚河道。此后，他又在张文谦的推荐下，向忽必烈面陈水利建议六条，被忽必烈任命为提举诸路河渠，主要掌管各地河渠的整修和管理工作。

从履历上看，郭守敬确实是寻找新国都水源任务的不二人选。刚接到这一任务时，郭守敬便察觉到了其中的困难之处。在燕京地区金中都的西面，有十几座绵延的山峰，北部横卧着太行山余脉，两列山脉阴阳交错、平缓和谐，这预示着兴隆之象。上古时期山峦环抱的小平原上，湖泊星罗棋布，但随着气候变化，风沙日渐频繁，降水连年减少，这里呈现出明显的内陆季风性气候。在蒙古军焚毁了金中都后，除太液池这片人工挖掘出来的湖泊外，附近再也没有足够的水源供给一座容纳百万人口的都城。即使找到了新的水源也还要综合考虑建筑所需石料和木材的运输问题，其中的工程量是相当大的。经过一番探察与规划，郭守敬提议将新的都城建造在积水潭附近。

确定了新国都的位置，坐镇上都的忽必烈内心很是欢喜，他将新国都的规划总结为"祖述变通"四字，要求刘秉忠以这四字为基本方针来营建新的都城。忽必烈所说的"祖述"就是确保蒙古贵族既有的习俗，"变通"则是要与中原地区的农耕经济相适应。为此，在营建新都时，刘秉忠沿袭了中国传统皇城的设计原则，秉承着天极至尊、皇权神授的理念，以"象法天地，经纬阴阳"为指导思想，同时融入了蒙古游牧民族的生活习俗。

1267 年，元大都破土动工，刘秉忠首先建造了一座中心台，并以此为基准向四周拓勘城垣的具体位置，中心台向南北延伸则构成了都城的中轴线。虽然我国历代帝王都城都规划过中轴线，但因各种因素的制约，大多数帝王都城的中轴线并不完善，只有忽必烈严格遵循礼制，使均衡对称的中轴线在元大都得以实现。

确定了中轴线后，刘秉忠开始营建皇宫。皇宫通常又叫紫禁城，这个名称包含着来自苍穹的暗示。紫微星垣位于天空的中央，被群星所环绕，那里是天帝永恒的居所，人间帝王以上天的名义统治尘世，故而居住在紫禁城中。

元大都的皇宫由皇城和宫城两城相套，这是唯一可以跨越中轴线的建筑群，是元代帝王处理朝政、居住休息的地方。这里建造有祭祀土地和五谷神的社稷坛，还有宏伟华丽的隆福宫等建筑。值得注意的是，元大都皇宫的中轴线并不是以正南、正北方向与子午线重合，而是从逆时针方向与子午线有一个2度多的夹角，这究竟是元代天文测量方面出现的失误，还是忽必烈故意授意，抑或是刘秉忠有意为之呢？至今，考古专家们依然在尝试着解开这一谜团。

在中轴线的基础上，刘秉忠还规划出了与之垂直或平行的经纬方格状街巷，它们被称为胡同。元大都中的"胡同"意为胡人大同，其实在中国历史中，蒙古人并不是胡人，胡人主要是指匈奴、鲜卑等其他民族。所以，元大都中的胡人大同并不只是要求蒙古人与汉人和谐相处，更是要求蒙古人、汉人和其他少数民族的人都应该和谐相处，共同为元王朝效力。

1274年，在汉臣刘秉忠的督建下，元大都基本竣工，蒙古人将其称为汗八里，意为大汗之城。俯瞰元大都，呈东西短、南北长的矩形，整座城池以南北为中轴，由外城、皇城、宫城三重城同心叠套构成，宫城在皇城内，外城又环绕皇城与宫城，胡同在中轴线两侧对称排列。这种典型的多城、方城、中轴的布局，讲究中正方直，体现的正是森严有序的封建等级制度。

现今北京的城市格局完全脱胎于元大都，但蒙古人建造的宫苑殿阁寺庙楼台几乎全被摧毁，再加上明清两代的建筑叠加，元大都成了一座消失了的都城，只能在一些老照片中依稀见到元大都的痕迹。如今坐落于地安门外大街的万宁桥，是罕见的元代遗存，桥栏中部的古石隐藏着蒙元的气息，桥座上的盘龙石雕彰显其尊贵的出身，这座石拱桥将成为追溯蒙元历史的契机。

# 消失的汗八里

坐落在都城中轴线上的万宁桥是通惠河上的闸桥，运河水可以通过桥底流入积水潭中。水利专家郭守敬常年在野外勘察和实测，最终找到了方案，用以解决元大都的供水、漕运等难题，他修筑诸多桥闸，通过闸门的互相启闭来调节水位，使通州到积水潭的运河段得以通航。

元　佚名　宦迹图

此图绘察罕帖木儿转战陕西、山西、山东等地，率元军镇压农民起义军的场景，图中的建筑疑为元大都。

此畫宗諒賈叚
夷木斂宗竹擾
事攫竹諒

1293 年，工程竣工，忽必烈赐名通惠河，蕴含"漕运畅通、大受其惠"之意。于是，大批漕船逆流行舟，直达元大都城内的积水潭，一时间积水潭千船汇聚，运粮问题得以解决。

自元代起，北京便开始大规模建仓贮粮。据统计，元代的漕运量巨大，元大都城内有粮仓将近 10 座，共计可以储粮百余万担。如今位于北京平安大街东四十条豁口的南新仓，就是在元代北大仓的旧基上建造的皇家粮仓，从江南地区漕运来的粮食就存放在这里。

元大都的漕运水系由积水潭和通惠河构成。除了漕运水系统外，郭守敬还规划了元大都的宫苑饮用水系统，该系统由金水河和太液池构成。这两大水系的终点分别是太液池与积水潭，彼此相邻却互不相通，共同构成了元大都内的供水格局。

元大都是举世闻名的世界大都市，鼎盛时期人口达百万之巨，城池供水是其生存的根基，郭守敬主持元大都治水数十载，奠定的供水格局惠及当今。积水潭的碧波荡漾更使元大都成为独具风貌的将宫殿衙署与水景完美结合的园林都城。自古以来，城池的园林布局都设在近郊，而元代的大都园林则大部分在城内，皇城是元大都的禁苑，内有万岁山，以玲珑之石叠积而成，又有太液池，峰峦影印，池水涟涟，元大都山水秀美实属罕见。

元代是蒙古族建立的封建帝国，多都制是游牧生活方式带来的特色，忽必烈确立了两都巡幸制，夏秋驻跸上都，冬春南归大都。之后，武宗海山又营建了元中都，共同构成元三都的朝政格局。

为了维护见证北京城址变迁的重要遗迹，如今北京城区修建了元大都城垣遗址公园。考古专家在黄土夯筑的土城墙基下发现了两处石砌的涵洞，令人惊奇的是在河北省张北县也有一座元代古城发掘出类似的涵洞。通过考古勘探，专家发现这是一个古代水道遗存，应是城市排水系统的一部分。

河北省研究所对这一地区进行了细致发掘，发现了大量宫殿建筑构件，确认这里就是武宗海山建造的元中都。元中都地处偏远塞外，石料原木不能就地取材，工程异常艰苦，劳工死者甚多。出人意料的是，武宗海山于1311 年驾薨，元中都成为这位年轻皇帝未了的遗愿。然而武宗驾薨不久，尚未登基的皇太子就断然下令停建元中都。今天元中都城内的青条铺路石，车辙磨损的痕迹很少，由此推断元中都基本没有被使用过。

自己的曾祖已经建造了一座宏伟的都城，武宗海山为何还要再择新地建一座都城呢？根据史籍记载，元中都是仿造元大都修建的，同样由外城、皇城和宫城组成。通过考古发掘，专家发现，元中都中既有宫城建筑，又有可以放置毡帐的空地，这说明这个介于中原与草原之间的都城，兼具有中原文化和草原文化双重特征。

或许，武宗海山是想仿效曾祖忽必烈的文治武功，在坝上草原建造一座规模宏大的新都城，以树立个人的威信。事实上，武宗海山登基为帝时元王朝看似强大安定，实则弊端丛生，他虽如自己的曾祖一样，推行儒学教育，实施了很多改革，但并未取得多大成效，加之其英年早逝，改革举措遭到继任者全盘推翻，他的宏图野望也随之烟消云散。

面对隐患丛生的元王朝，武宗海山之后的元代帝王们修修补补，最终依然没能阻止元王朝走向崩溃。历史的车轮不会为任何人停留，它碾碎了无数英雄帝王的野心，也摧毁了一座座宏伟壮丽的都城。在历史的车轮之下，汗八里彻底消失在了滚滚烽烟之中。

元　佚名　元武宗像

元朝第三位皇帝，蒙古帝国第七任大汗。

# 第九章
# 大报恩寺琉璃塔

# 童话中的"中国瓷塔"

一位名叫东风的少年，穿了一套中国人的衣服刚从中国飞回来。关于中国的印象，东风是这样告诉他的风妈妈的：我刚从中国来，我在瓷塔周围跳了一段舞，把所有的钟都弄得叮叮当当地响起来。

这是 1839 年安徒生在其童话《天国花园》中所写的一段内容，其中的"东方瓷塔"并不是他幻想的产物，而是曾经真实存在于世界的南京大报恩寺琉璃塔。在十九世纪的西方，琉璃塔作为中国标志性建筑已经深入人心，很多到过中国的诗人和画家，都曾深情描绘过中国南京的那座美轮美奂的琉璃高塔。

1656 年，清顺治年间，荷兰画家约翰·尼霍夫跟随使团第一次来到中国。当来到南京时，约翰·尼霍夫被寺院中央这座精美的琉璃塔所吸引，在他眼中，这是精品之中的精品，展现了中国能工巧匠独特的才华和智慧，他要用诗作把它凝固，将宝塔与世界七大奇迹并置。

这种行为看似有些荒谬，但约翰·尼霍夫确实已经深深地被这座佛塔所折服。回国之后，约翰·尼霍夫根据荷兰使团访问中国的经历，出版了《东印度公司荷使晋谒鞑靼大汗》一书，并配有在中国画下的 150 幅插画。这本书在西方产生了很大的影响，从此欧洲越来越多的人知道，中国有座美轮美奂的佛塔，他们称之为"南京瓷塔"。

"南京瓷塔"这个翻译可能并不准确，因为琉璃是一种带釉的陶器，而不是瓷器，称其为"南京陶塔"可能更加合适。但伴随着这个不准确的译名，南京瓷塔风靡世界，虽然约翰·尼霍夫所见的琉璃塔已经历经 200 多年岁月洗礼，以及朝代更替，但它仍旧绚烂夺目。

1408 年，南京城外的天禧寺被一场大火烧成灰烬，四年之后，永乐皇帝朱棣决定重修天禧寺，他要依照大内样式扩建殿宇，建造一座皇家规模的寺院，同时还要在寺院中修建一座九级琉璃塔。

在整个大报恩寺和琉璃塔的修建中，朱棣征调了超过 10 万名夫役，共耗费约 250 万两白银。由于工程浩大，工艺复杂，到朱棣临终时，整整修建了 12 年，依然没有竣工。1428 年，此时坐在大明皇位上的已是朱棣的孙子朱瞻基，这一年三月，大报恩寺与琉璃塔已经修建了整整 16 年，但依然没有完工。宣德皇帝对琉璃塔工程的进展十分不满，他要求在当年八月之前彻底完成整个工程。

当时负责督造琉璃塔工程的是三宝太监郑和，自从永乐十九年第六次下西洋归来之后，郑和便投入了琉璃塔的修建工程之中。据说，跟随郑和下西洋的部下，以及船队结余下来的 100 多万两白银，都被投入了琉璃塔的修建之中，终于赶在宣德皇帝的期限之内，完成了琉璃塔的修建。

整座琉璃塔共九层、八面，塔身由白色瓷砖和五色琉璃瓦组成，晶莹剔

清　徐虎　长干里客金陵四十八景图　报恩寺塔

透，每块外砖上都镌刻着用金箔裹身的佛像，在阳光下金光闪烁、灿烂无比。黄绿相间的拱门上有飞天、金翅鸟、龙、白象等图案，造型生动，制作精美。塔顶和每层飞檐下都垂悬着风铃，共计152只，数十里外都能听见风铃清脆的声音。

当时，在南京城的任何一个地方，只要抬头南望就可以看到它雄伟的身姿。白天在阳光的照耀下琉璃塔金碧辉煌，而当暮色来临时，琉璃塔上就会点燃140盏明亮的油灯，无论是在钟山脚下的丛林之中，还是在大江之上的渔舟之内，人们都能够看见这座灯火通明的高塔。

明成祖朱棣在位22年，虽不具开国之功，但在治国方面亦是成绩斐然。他营建了北京城，编纂了三亿七千万字的《永乐大典》，铸造了世界上最大的永乐大钟，还主持修建了大报恩寺与琉璃塔。究竟是什么力量驱使这位帝王如此不计代价地营建这些浩大工程，这位颇受争议的皇帝内心又隐藏着怎样的复杂情感？

> 以此胜因，上荐父皇母后在天之灵，下为生民祈福；使雨旸时若，百谷丰登，家给人足，妖孽不兴，灾沴不作，乃名曰大报恩寺。

**明 佚名 明成祖坐像轴**

画像中明成祖朱棣身穿常服端坐在龙椅上，着黄色袍，盘领窄袖，前后及两肩各金织盘龙，束带间配有金、玉等镶嵌物。

　　1424 年，是永乐皇帝在位的最后一年，这年三月，他亲手为大报恩寺书写碑文，明确指出修建大报恩寺是为了报答父母之恩，并且对朱元璋和马皇后的功德大肆称赞：开创国家，协心治理，德合天地，功在生民，至盛极大，无以复加。

　　事实上，朱棣建造大报恩寺及琉璃塔的真实目的是向天下昭示，自己是朱元璋和马皇后的嫡子，是正统的皇室继承人。他在碑文上将皇位的传承进行修改，把建文帝从历史上彻底抹掉。在碑文之外，他更是对明初的历史进行篡改，反复强调自己的嫡子身份，使得人们对他的出身产生了更多怀疑。朱棣真的是朱元璋和马皇后的嫡子吗？如果他的生母不是马皇后，那又会是谁呢？这个举世瞩目的琉璃塔又是为谁而修建的？这些秘密都隐藏在埋藏在地下的大报恩寺之中。

# 民居之下的历史遗迹

　　明初时，大报恩寺与灵谷寺、天界寺并称为"金陵三大寺庙"。大报恩寺位于南京城南中华门外，南抵雨花台，北至秦淮河，鼎盛时期面积超过400 亩。大报恩寺所处的位置是历史上有名的古长干里，这里是历经千载的佛门圣地，有大小寺庙数十座。在一百多年前，琉璃塔还曾在这里耸出天际，与日竞丽，而今天，这里已经变成一片民居，大报恩寺也成了一种传说。

　　相传，大报恩寺修好后，大殿的殿门从不开启，因为大殿中供奉的并不是马皇后像，而是碽妃像，这位碽妃才是明成祖朱棣的生母。其实从明朝中期开始，关于朱棣生母的说法便广泛流传，版本频出。其中，有的说马皇后不是朱棣的生母，另一个汉族妃子达妃才是；有的说元顺帝的妃子洪吉喇氏在跟随朱元璋前已经怀孕，她才是朱棣的生母；最广为流传的版本认为来自朝鲜的妃子碽妃才是朱棣的生母。即使到了现在，关于朱棣的生母是谁，学术界也一直在争论。相比于这些争论，马皇后不是朱棣的生母这一点反倒是大家一致认同的观点。

或许朱棣正是为了给自己篡位提供合法性，才牺牲了自己生母的地位，编造了自己是马皇后亲生的谎言。大报恩寺的修建，一方面可能是朱棣为了向天下昭告自己是皇室正统的继承人，另一方面则是他为了表达对生身母亲的愧疚之情。而修造一座举世罕见的琉璃塔，或许是他对生母唯一的告慰。

对大报恩寺遗址进行考古挖掘是南京几代考古人的梦想，从二十世纪五十年代开始就陆续有人提过，但是由于种种条件限制始终没能实现。这一天，时任南京市博物馆考古部副主任的祁海宁接到一项重要任务，他要对大报恩寺遗址进行考察，寻找到大报恩寺琉璃塔的塔址。当时的大报恩寺遗址上是一片连绵而稠密的居民区，祁海宁只能以山门和宝塔为名的街巷，来确定琉璃塔的位置，但这显然不是一件容易的事情。

每一位考古队员都期待能重现大报恩寺和琉璃塔的辉煌，但在搜索了几十条小巷和上千户民居后，依然没有找到突破的线索。为此，祁海宁只得跟随城市拆迁的进度，一再修改考古方案。

尽管考古工作受到局限，但祁海宁很快便得到了一个令人兴奋的消息：在宝塔顶十号院里有一块空地，一直没有进行开发建设，据说这里就是琉璃塔的塔基所在地。有了线索，祁海宁便选定这里作为第一次发掘的现场。不过，在进行了五个多月的考古挖掘后，祁海宁依然没有找到琉璃塔的塔基。是塔基彻底被毁了，还是考古工作没做到位？拥有如此丰富史料记载的大报恩寺遗址就在这片土地下，可琉璃塔的遗址究竟在哪儿呢？

随着拆迁工作的进行，两块巨大的石碑从民居之中显露出来。北边的石碑是宣德时期的御碑，碑身还算完好，但驮碑的龟趺有些许损坏；南边是永乐时期的御碑，碑身已找不见，只剩下一个较为完整的龟趺。通过查阅史籍文献，祁海宁发现这正是大报恩寺中的遗物，两块御碑虽然有些残缺，但位置却并没有移动过，这为他寻找塔基提供了一个非常重要的坐标。

塔在印度语中意为坟陵，是用来供奉佛祖真身舍利的。起初，中国的佛塔一般都建在寺庙前或宅院的中心位置。自隋唐时起，供奉佛像的佛殿开始成为寺院的主要景观，佛塔则退居次要地位，成为佛殿的陪衬。到了宋元时期，佛塔更是直接被请出了院落，成为院外的独立景观。据史料记载，大报恩寺的布局沿用了隋唐之前的格局，琉璃塔位于主院落的中轴线上。如果能够确定大报恩寺的中轴线，那想找到琉璃塔的位置，也就很容易了。

随着地表的建筑垃圾被逐渐清理，祁海宁发现了一块很小的青石板，这块青石板无论是材料还是质地，都与现代建筑的砖瓦完全不同。对大报恩寺的布局了然于胸的祁海宁断定，这里很可能就是大报恩寺中的香水河桥。

据史料记载，香水河桥位于大报恩寺北区的中轴线上，桥面长约 4.5 米，宽约 2.5 米。这与祁海宁的考古发现完全一致。结合两块御碑的位置，考古队最终确定了大报恩寺的中轴线，这为考古发掘打开了一扇窗户，一扇真正通向光明的窗户。

循着这条线索，考古队继续推进工作。这天，一个好消息从考古现场传来。在挖掘了半年之久的宝塔顶十号院北侧，考古队发现了一个呈八边形的石灰基槽，在基槽正中间有一个像井一样的圆坑。经过考古专家反复研究推断，基槽中间圆形的地方，很有可能就是地宫的开口。

在我国许多佛塔建筑下，都存在一个神秘的地宫，这些地宫中往往会存放一些金银珠宝和珍贵的佛教用品。法门寺塔和雷峰塔都曾发现过地宫，其中修建于唐朝鼎盛时期的法门寺塔地宫中，不仅有许多惊人的宝物，而且还有珍贵的佛祖指骨舍利。大报恩寺是明代最大的皇家寺院，如果这座寺院的琉璃塔下存在地宫，那其中一定会埋藏着很多珍宝，或许会有传说中郑和带回来的佛牙舍利，又或许朱棣在发愿文中会写明自己生母的身份。

几百年来，文人墨客对大报恩寺及琉璃塔进行过很多描绘，然而关于琉璃塔的地宫在明史中却只字未提。地宫究竟是什么样子，里面埋藏了什么物品，是否会有释迦牟尼的真身舍利呢？到了清代，琉璃塔地宫被详细地描述成了一座宝藏，夜明珠、避水珠、宝石珠、黄金白银、绸缎经文，更有郑和下西洋所带回的奇珍异宝，这些到底是清代人的想象，还是他们真的有所发现呢？

经过反复考察，考古专家确定了琉璃塔地宫确实存在，并且保存完好，没有任何盗挖痕迹。至此，一座宝藏就要开启，一段历史之谜也即将被揭开。

# 被揭开的地宫之谜

2008 年 7 月，南京市博物馆考古队准备正式开启地宫。首先出现在众人眼前的，是一层又一层的石块填充物，这些填充物都保存得很好，这说明这个地宫确实没有被盗掘过。在清理后专家们发现了一块 50 厘米见方的石块，其表面粗糙，没有经过任何打磨，形状也很不规则。但就是这样一块没什么特点的石块，让期待已久的祁海宁大吃一惊。

发掘开始之前，祁海宁坚信自己挖掘的是一个明代皇室地宫，但当看到这块粗糙的石块后，他备受打击，因为在追求精益求精的皇家工程中，所用的石料一定是工艺最好的，是不会出现这种没有打磨的石块的。祁海宁的脑海里已经出现了不好的预感，但挖掘工作依然要继续，经过两天的努力，重达 250 公斤的青石板被揭开，一层密密麻麻、布满铜锈的铜钱出现在专家眼前。

封地宫前撒铜钱，是古代修建地宫时必不可少的程序。将铜钱整理收集后，考古队发现在铜钱底下有一个石函，石函里面紧紧套着一个铁函，经过一番努力后，第一块石板被吊了上来。从这块高 1.5 米的石板可以看出，石函的体积是非常大的，可以说是当前地宫中发现的最大石函，这让祁海宁的情绪稍微缓和了一些。

石函之中的铁函被加上了隔热、防火等九层防护，在考古队几天几夜的努力下，最终被成功移出了地宫，并在严密的监控下送到了南京市博物馆。当人们都沉浸在对大报恩寺地宫发掘圆满成功的喜悦中时，祁海宁的眉头又皱了起来，他发现地宫的碑文上写着"金陵"两个字。要知道，"金陵"是宋人对南京的称呼，到了明代，"金陵"已经成了南京的别称，在如此规矩繁多的皇家寺院地宫碑文中，是一定不会用"金陵"来称呼南京的。据此，祁海宁判断，这个地宫很可能不是明代修建的，也就是说，这个地宫可能并不是琉璃塔地宫。

很快，祁海宁的判断得到证实。考古专家本以为用来封地宫口的铜钱会是永乐通宝，但在清洗之后才发现，这些铜钱中年代最晚的是北宋真宗年间的祥符元宝，有 12000 多枚，而且大多都是不能流通的纪念币。关于具体的建塔时间，石碑铭文中也有详细记载，即大中祥符四年，也就是 1011 年。此外，铭文中还记载了这座塔是由北宋高僧可政在获得宋真宗批准后，于民间集资建造的长干寺中的圣感舍利塔。

原以为找到的是举世闻名的琉璃塔地宫，如今却成了民间修建的圣感舍利塔地宫，所有人的心里都难免有些失落。尽管此次发掘的地宫是最深的，铁函也是最大的，但是这些都无法弥补人们对于大报恩寺的琉璃塔地宫的期待。

在朱棣心中，这座大报恩寺的琉璃塔或许正是朱棣为生母所竖立的丰碑，如果之前所发现的塔基和地宫不是明代的，那么琉璃塔的遗址也一定还在中轴线这个方向上。祁海宁对此表示肯定，打算带领考古队继续对大报恩寺遗迹进行发掘。

在一番探查后，虽然没有再发现新的塔基，但考古队在原塔基的西边发现了高

南京大报恩寺文物

南京大报恩寺文物

达 5.5 米的夯筑台基，还有边长 2 米的柱础，这正是大报恩寺大殿基址所在，也是当前南京考古发现的等级最高的建筑基址。而在地宫的东边，考古队发现了大报恩寺北区最后的两座建筑遗迹，经过对比分析，考古队确认这两座建筑正是观音殿和法堂。

新发现的两个建筑遗迹让祁海宁产生了新的思考，从大殿到观音殿这段距离中，只能放得下一座塔基，也就是之前考古队发现的塔基，这也就意味着在这座皇家寺庙中只有一座塔基，也就是说，之前考古队发掘的台基就是琉璃塔的塔基，而塔基之下的地宫也正是琉璃塔地宫。一个连砖瓦垒砌都没有的宋代地宫，真的会是闻名世界的琉璃塔地宫吗？通过对地宫出土文物的考证，祁海宁得出了新的结论。

此次地宫中总共出土供养器物 13000 多件，包括金、银、水晶、琉璃、玛瑙等。在地宫出土的铁函中，考古队发现了一座七宝阿育王塔，这是迄今为止中国考古出土的体积最大的一座阿育王塔。这座宝塔高 1.18 米，底座边长 0.46 米，塔内以檀香木作胎，表面银质鎏金，镶嵌有 454 颗七宝珠，虽然在造型上与杭州雷峰塔出土的阿育王塔很像，但整体要更为精美，体积也要比其大三倍之多。

除此之外，在阿育王塔内，考古队还发现了两套容器，其中盛放的就是在碑文中记载的佛顶真骨和 10 颗感应舍利。如此高规格的地宫埋藏物品，使得祁海宁更加坚信了自己的判断，这个塔址应该就是大报恩寺琉璃塔的遗址，而地宫也就是琉璃塔的地宫。

祁海宁认为，永乐皇帝在重建大报恩寺时，宋代建造的砖塔是存在的，永乐皇帝并没有将宋代的砖塔拆掉，而是保留了宋代砖砌的塔芯和宋代地宫，在外面又架起了一座新的琉璃塔。这一推断听起来有些不可思议，但在仔细分析后确实又很符合逻辑。不过，对于祁海宁的推断，也有人持有不同意见。

早在二十世纪八十年代，南京工业大学教授汪永平在读研究生时便对琉璃塔进行过研究，他认为，如果明代发现了宋人修建的地宫，肯定会举行一些佛事仪式，或者是重新安放释迦牟尼的舍利，但实际上，从地宫出土的文物中大多创自北宋时期，没有任何明代时期的东西。按照汪永平的推断，琉璃塔塔基高于地面 3.6 米，如果修建地宫，也只是会下挖两米最多三米的深度，此时的地宫依然位于平面之上。因此，当琉璃塔被毁之后，琉璃塔的地宫也随之被毁了，所以现在发现的这个地宫并不是琉璃塔的地宫。

大报恩寺遗址的考古工作虽已告一段落，但关于地宫之谜，专家依然在努力寻找答案，然而永乐皇帝留下来的琉璃塔谜团，还远不止这些。

# 仍未解开的谜团

1656 年，荷兰画家约翰·尼霍夫随使团来到中国，回国后他的游记在荷兰出版。他在书中真实介绍了在中国的所见所闻，并且配上了 150 多幅插图，尽管此时欧洲人已经知道中国有座瓷塔，但这一次约翰·尼霍夫的画使欧洲人第一次看到了这座举世闻名的中国琉璃宝塔。约翰·尼霍夫的游记在欧洲产生了巨大的影响，从此西方人开始逐渐揭开中国神秘的面纱，并对中国越发着迷。

自此，中国的宝塔、瓷器、亭台、院落逐渐开始出现在欧洲的宫廷中，中国的政治、哲学、社会、宗教等也都深深地吸引着他们。不过，略为遗憾的是，在约翰·尼霍夫的画中，九层的琉璃塔被绘制成了十层，这个不经意间犯下的错误，导致西方国家在仿建时竟然也将宝塔建为十层，而这恰好违反了中国宝塔皆为单数的传统。

佛教自印度传入我国之后，吸收了许多中华传统文化的内容，逐渐形成了独具特色的佛教文化。佛教的许多活动与形象都采用奇数，主要是为了表示清净、上天或吉祥之意，我国古代佛塔层数选择单数也是如此。

至于为何约翰·尼霍夫会将琉璃塔的层数画错，原因或许只有他自己才知道。如果他错误地将塔底高大的木构回廊看作一层，将底层的重檐分作两层，倒也确实可以画出十层的琉璃塔来。

除了这一未解之谜外，琉璃塔构件的藏身之处也是至今仍未解开的谜团。相传，在烧制琉璃塔构件时，一共烧制了三套，一套用于建塔，另外两套则被编好号码埋入了地下。而在官窑窑址附近，有一座供奉眼香娘娘的眼香庙，据说备用琉璃构件的藏宝图就保存在眼香庙住持的手中。如果塔身上哪一块琉璃砖坏了，住持就会从地下取出备用砖填补上。不过，现如今这位住持与藏宝图都已消失在历史长河之中，成了无法追寻的传说。

在南京博物馆中，有一个复原的琉璃塔拱门，而复原这个拱门的琉璃构件正是从眼香庙附近的地下挖掘出来的。遗憾的是，由于历史原因，大量琉璃构件被粉碎成了耐火砖，现在保存下来的已经没有多少。

祁海宁认为，南京博物馆中的这些琉璃拱门构件，很可能就是当时额外烧制的琉璃构件。如果只是废品的话，当时的官窑应该不会一次性烧出如此多废品，更不会将它们集中放置在一处。因此祁海宁推测，在大报恩寺烧窑的窑室中，可能也埋藏了一部分琉璃构件。

走进南京博物馆，可以看到那些穿越600多年时光的琉璃仍然颜色鲜艳、光亮如新，即使是现代工艺也很难做到这一点。明代是中国琉璃发展的鼎盛时期，而大报恩寺塔正是中国建筑琉璃艺术的最高体现。明末文学家张岱高度评价了朱棣在这方面的贡献，他在《报恩塔》中写道："非成祖开国之精神、开国之物力、开国之功令，其胆智才略足以吞吐此塔者，不能成焉。"

这位备受争议的皇帝之所以能够做出如此贡献，一方面与他个人的性格有关，另一方面也与他所处的时代有关。朱元璋在明初的"休养生息"，使明代的经济社会状况得以恢复，正是蓬勃发展的小农经济为大兴土木的朱棣提供了人力、物力上的保障。

这位永乐皇帝一生都在为摆脱"篡位者"的恶名而努力，一方面他不惜大开杀戒，将不肯归降的大臣统统杀害；另一方面，他又倾尽全力不惜一切代价开展各项空前绝后的重大工程。他想用自己强大的意志力以及那些震古烁今的建筑为自己树立丰碑，他要向天下人宣告，自己才是名正言顺的千古圣君。

不过，历史不会偏袒任何人，那些千古圣君心中的江山永固可望而不可即，那些震古烁今的建筑虽然宏伟却难以不朽。400多年后，永乐皇帝建造的琉璃宝塔在太平天国的炮火中轰然倒塌，如今的我们只能通过史籍文献中的描述，来追寻那童话中的"中国瓷塔"。

**大报恩寺塔琉璃塔拱门**

琉璃塔见证了大明王朝一个面向世界的文明帝国，被认为是世界中古时期的七大奇迹之一。

# 第十章
# 圣·尼古拉大教堂

# 在战火中发展的东北渔村

母亲的脸庞和故乡的面孔，往往是一个人生命中最难以忘怀的记忆。一百多年前，在苍茫的东北大地上，诞生了一个大型城市的奇迹，这个奇迹的名字叫作哈尔滨。

哈尔滨，又称冰城，是我国黑龙江省的省会，也是东北地区的特大城市之一。哈尔滨地处东北亚的中心地带，不仅是我国东北地区北部的政治、经济和文化中心，还是第一条欧亚大陆桥和空中走廊的国际性综合交通枢纽，享有"欧亚大陆桥明珠"的美誉，素有"东方莫斯科"和"东方小巴黎"之称。

哈尔滨的历史文化源远流长，早在两万多年前的旧石器时代晚期，这里已经有人类活动的痕迹。这里还是金、清两代王朝的发祥地，金代的第一座都城便坐落于如今哈尔滨的阿城区，而被清朝奉为肇祖的猛哥帖木儿则出生在如今哈尔滨的依兰县。到清朝中后期，随着"京旗移垦"和"开禁荒地"政策的实施，大量满汉百姓移居哈尔滨地区，形成了数十个村屯，为其以后城市的形成和发展奠定了基础。

根据满语的发音，哈尔滨一词可以直译为"扁状的岛屿"，就是这个当时位于大清帝国北部、松花江畔的不起眼小渔村，在清朝末年和民国时期经历了一场翻天覆地的巨变。

1763 年，由山西太原迁居到拉林地区的王某，从"闲散满洲"的手中承领了松花江中的一段官网水域，捕捞给皇帝上贡的鱼类。1777 年，清政府给民众发放印票，允许其在哈尔滨渡口设渡船摆渡。1869 年，沙俄帝国船只非法驶入呼兰河口要求通商，中国卡关前往阻拦。1890 年，哈尔滨发生瘟疫，山东的傅宝善前往马场甸子行医，并开设药铺，而后傅氏兄弟陆续来哈尔滨，开办了客店和大车店，于是此处也被称为傅家店，是哈尔滨道外区的前身。

1895 年，当时的俄国人来到松花江考察，并通过目测绘制出了松花江两岸的地图，途中明确标出了哈宾、哈宾烧锅等几十处村庄，这就是如今哈尔滨肇始之初的轮廓。位于松花江北面的水师营，有负责守备的清兵，在不远处还有一处拥有百余名官兵的军营。那时候的田家烧锅村，已经是一座规模不小的村庄。哈尔滨船口作为一个官商行旅的必经渡口，江岸边的集市业已初具规模，傅家店和四家子等村落逐渐形成了后来哈尔滨的繁华地带。

然而，十九世纪末，大清帝国在中日甲午战争中一败涂地，北部的沙俄帝国也因此发现了哈尔滨此时已经是一片肥沃的真空，牢牢抓住了这个向外扩张的绝佳机会。1896 年 6 月，钦差大臣李鸿章奉命与沙俄财政大臣维特和外交大臣罗曼诺夫在莫斯科签订了《中俄密约》，让沙俄取得了在中国黑龙江和吉林境内修筑铁路的权利。1897 年初，中东铁路公司在圣彼得堡召开第一次董事会，清政府任命驻俄公使许景澄督办中东铁路事宜。5 月，中东铁路公司成立护路队，任命外里海第四步兵旅旅长格尔恩格罗斯上校为护路队司令，组建首批护路队。同年 8 月，在中国境内小绥芬河三岔口，举行了中东铁路的开工典礼。

《中俄密约》打开了清朝的北疆门户，中东铁路更是如同一把利刃，刺入了中国东北的辽阔大地，而这条铁路的中枢部位，恰好选在了位于松花江畔的哈尔滨。哈尔滨历经千百年的时间，逐渐形成了村屯聚落，还处于自给自足的时代。而中东铁路，虽然是沙俄帝国侵夺中国东北地区的工具，也确实从一定客观条件上促进了东北北部的发展。中东铁路为这个曾被叫作北满的地方，带来了西方先进的科学技术和文明文化，对其工业和农业等方面，均起到了积极作用。

事实上，沙俄帝国对清朝辽阔的版图觊觎已久。在中东铁路修建之前，俄罗斯帝国在黑龙江岸边的城市已经初具规模。中东铁路修筑之后，在短短的几年时间内，哈尔滨人口急剧增加，城市基础设施逐渐完善，非农业人口也越来越多。1907 年前后，哈尔滨已经初步形成了城市的规模，而在第一次世界大战之后，哈尔滨已经可以与国内其他很多城市相比拟，到二十世纪二十年代，它甚至可以和京津沪杭并驾齐驱。

哈尔滨旧影

二十年的时间，哈尔滨从一座籍籍无名的小渔村发展成为包罗万象的摩登之城。那条承载着侵略者野心和幻梦的铁路，让这片东方土地以势不可当的速度与风云变幻的世界接轨。而这座伟大城市的每一块土木砖石，都刻满了其发展历程中的故事，在一百多年后的今天，仍旧谱写和诉说着它的繁荣与艰辛。

# 沙俄建筑的圣·尼古拉大教堂

鲍达雷夫斯基是俄罗斯帝国著名的教会设计师，在他的书房里，曾经出现过一座精美教堂的设计蓝图。

这将是一座极为精巧的木结构教堂，几乎所有的构件都采用榫接的方式，不用一钉一铁。木构架的井干式结构，会在建筑内部形成高大的穹顶，外部则是俄罗斯传统的八角形帐篷顶，其上面耸立着一个八面体的圆形主体，洋葱头形状的部件错落有致地分布在屋顶上。这座教堂无论从平面布局还是从立体空间上来看，都可以说是无可挑剔，但鲍达雷夫斯基怎么也不会想到，这座建筑会成为沙俄帝国对外侵略的铁证，在陌生的土地上化作真实建筑，并给那里的人们留下难以抹去的记忆。

1898 年，沙俄帝国的城建工程师列夫捷耶夫，随着中东铁路的修建来到了哈尔滨，并接到了在铁路附属地修建教堂的任务。于是，列夫捷耶夫沿着松花江边寻找着能够彰显教堂地位的所在，考虑到水势的影响，他将目光投向了地势较高的地方，最终确定在火车站对面的一处高地上建造，而那里就是现在的哈尔滨南岗区的新市街。这个地方，是我国传统观念中的风水宝地，俄国人的这个决定，立刻遭到了当地所有中国人的反对，但当时衰败大清王朝的意见，已经失去了威慑力。1899 年 10 月，教堂的奠基仪式如期举行，这座东正教教堂，就是圣·尼古拉大教堂。

许多人认为，圣·尼古拉大教堂是以沙皇尼古拉二世的名字所命名的，

哈尔滨伏尔加庄园中的
圣·尼古拉大教堂

这个观点是错误的。在教堂地基东面的建壁上，我们可以看到一块纪念铜牌上刻着："以圣父、圣子和圣灵的名义，也为纪念我们神圣的主教大人尼古拉·米尔里基斯基圣徒。"圣徒尼古拉是城市的主保圣徒，所以城市最先修建的也是保城市平安的教堂。圣·尼古拉大教堂的工程由俄国工匠合作社承建，中国的一些能工巧匠也参与其中，是由木工、细木工和雕刻家共同完成的。

令人惊讶的是，圣·尼古拉大教堂没有采用中国当地的木材，也没有采用俄罗斯的木材，而是从地球的另一端，不远万里地运来了一批加拿大红松。这些远道而来的原木，支撑起了这座巨大的教堂。俄国艺术大师，严格遵循古俄罗斯圣像的创作原则，创作了教堂内部圣像壁上的巨幅尼古拉神像，上面的其他作品则由俄罗斯专业画家格鲁什科用时几个月完成。这座雕刻精美的巨大圣像壁，是在俄国位于欧洲的部分加工完成的，与其他装饰品一起，运到了哈尔滨。圣·尼古拉大教堂的七座大钟，同样来自俄罗斯，是在造钟圣地秋明打造完成并运送过来的。二十世纪末，我们在黑龙江的一处劳改农场中发现了一座圣·尼古拉大教堂的大钟，在回到博物馆前的若干年里，它一直负责每天召唤劳改人员开工和休息。

在建造圣·尼古拉大教堂之前，哈尔滨最早的东正教教堂是由一个简易工棚临时改造形成的。沙俄统治时期，东正教已经成为国家机器的一部分，许多教堂都随着沙俄帝国侵略扩张的脚步被带到了异国他乡。中东铁路的修建，为俄国人提供了非常多的便利条件，他们借此从中国获取了警察权、驻军权、教育权、航行权、森林采伐权、市政管理权等诸多权利。俄国十月革命之后，在二十世纪二十年代，中国在哈尔滨设立了东省特别区，陆续收回了一些权利，而在 1926 年，中国才真正收回了城市管理权。无论局势如何变幻莫测，哈尔滨真正的主人都是中国人。

1899 年底，哈尔滨的俄国移民已经达到了一万四千人，涉及俄罗斯、波兰、犹太、格鲁吉亚等 28 个民族。1990 年 1 月，大清原驻守黑龙江的将军恩泽生病离职，任命寿山为黑龙江将军。5 月 20 日，各国驻华公使呼吁，对义和团运动进行武装干涉。6 月 21 日，清政府令各省督抚召集义民成团，借御外侮。7 月 6 日，沙皇尼古拉二世令阿穆尔军区和西伯利亚军区分六路入侵中国。7月17日，俄军进入清政府管辖的海兰泡地区，血腥屠杀中国居民，掠夺财物，强占江东六十四个村屯。7月26日，呼兰清军统领定禄率军沿松花江攻入哈尔滨，占据元聚烧锅，与当地义和团乘胜追击，向江北船务、火车站和新市街等地发起了进攻。

1990年7月28日，清朝政府处死了中东铁路的督办许景澄。8月3日，沙俄帝国的萨哈罗夫率救援兵团抵达哈尔滨，8月7日，李鸿章作为清政府指定的钦差大臣，与各国议和。8月13日，义和团法师敬际信由北京赶赴哈尔滨助战，在路上被吉林将军长顺杀害。8月15日，八国联军从东直门攻入了北京城。8月28日，俄军占领齐齐哈尔，驻守将军自杀殉节。而大约四个月后的12月18日，东正教圣·尼古拉大教堂，正式在哈尔滨落成。

可以说，圣·尼古拉大教堂见证着哈尔滨的城市化进程，见证着沙皇俄国的侵略扩张，更加见证着人民群众不屈不挠的反抗与斗争。在这个屈辱的庚子年中，英勇的臣民不惜拼尽自己的最后一丝气力，与强大的侵略者展开了激烈的斗争。当年圣·尼古拉大教堂的钟楼上，不但能够听到婉转的钟声，也一定能够听到轰鸣的枪炮声和人民不屈的震天呐喊！

# 东正教教堂的繁荣与衰落

随着圣·尼古拉大教堂的建成，不到一年的时间里，松花江大桥建成通车，中东铁路全线同样迎来了临时通车。这条铁路，让侵略者的铁蹄和工业文明的脚步一起，踏在这片肥沃的黑土地上，带来了新城市的规划方案。

城市建造者从文艺复兴时期汲取了灵感和经验，采用了古典主义风格的建造模式，形成了哈尔滨的放射性布局。15条新修的大街和设施完善的街区，连接了零散的居民点，让哈尔滨逐渐形成了一片建筑之海，这片建筑海洋的中心，就是当年的圣·尼古拉大教堂。那时，圣·尼古拉大教堂周围的各式建筑相继出现，聚集了古典主义、巴洛克式、哥特式、拜占庭式、文艺复兴

**孙中山像**

孙中山先生领导的辛亥革命，推翻了中国几千年的封建君主专制统治，从此中国进入了主权在民的时代，开启了中华民族复兴的新纪元。

式等多种艺术风格，与圣·尼古拉大教堂交相辉映，改变了中国北方的这座城市，也描绘出了俄国人心中的乐土，但这一切，终归是侵略者一场美丽的幻梦。

1912 年 1 月 1 日，孙中山宣誓就任中华民国临时大总统，中华民国成立，2 月 12 日，大清帝国的宣统皇帝溥仪宣布退位。中国正式结束了漫长的封建时代，而沙皇俄国也在五年之后土崩瓦解。

1917 年，俄国爆发了社会主义革命，不再允许教廷的存在，俄国东正教教廷开始了流亡之路。圣·尼古拉大教堂作为东正教建筑，是它的大教区之一，因此俄罗斯很多城市的东正教主教，都流亡到了哈尔滨。1922 年之后，圣·尼古拉大教堂，成为东正教在哈尔滨教区的主教所在教堂，名叫麦佛季的大主教后来成为督教主，在宗教中的地位很高。在此之后，哈尔滨教区竟然发展成为远东教区的所在地，管辖范围可远达日本、朝鲜、印度尼西亚。在哈尔滨的历史上，一共出现过 19 座东正教教堂，成为这座城市不可或缺的一部分。即便是如今作为哈尔滨旅游必到之处的圣·索菲亚教堂，在当时也无法和圣·尼古拉大教堂相提并论。

自 1905 年，清政府将哈尔滨正式列为贸易商埠之后，它成为世界瞩目的存在。先后有 20 多个国家的领事馆，在这里升起了各自的国旗，各大公司银行也竞相登陆，外资商号铺天盖地出现在哈尔滨街头。当时的哈尔滨作为以铁路附属地为名义的殖民地，是帝国主义列强的角斗场，"东方小巴黎"的繁华美名背后，蕴藏着无尽的屈辱与无奈。

1920 年之前，俄国人操纵着哈尔滨的市政权，当时哈尔滨公用的语言是俄语，度量衡也是俄国的度量衡，处处体现出华洋混杂的氛围。哈尔滨人就是在这种历史情况下，形成了自己的生活特质，红肠、列巴、啤酒等饮食习惯，一直延续至今，在语言方面也保留着一些独特的外来语。中东铁路不仅送来了新鲜的事物，也带来了先进的思想，哈尔滨不再是清王朝封闭的后院，反而成了开拓的思想前沿。陈独秀、李大钊、周恩来、瞿秋白等中国共产党早期领导人，都曾在二十世纪初来到哈尔滨，其中瞿秋白第一次听到《国际歌》，就是在哈尔滨的劳动俱乐部中。

优越的位置和敞开的门户，使哈尔滨得以放眼世界，引领潮流。早在1905 年，哈尔滨便建立了科波采夫电影院，可以容纳一百人观影，门票高达五卢布一张。1906 年，哈尔滨又建立了进步、格兰德、皆克坦斯三家电影院，1908 年又开设了一家敖连特电影院。同年，上海虹口大戏院成立，而在它之前，哈尔滨已经拥有了五家电影院，是中国最早传入电影的地方。在后来的日子里，人们可以从哈尔滨的电影院看到很多首轮上映的欧美影片，而位于市中心的圣·尼古拉大教堂也见证了电影从无声变有声、从黑白变成彩色的年代。

十月革命后，西方艺术家涌入哈尔滨，哈尔滨的艺术文化活动格外繁荣。哈尔滨第一所音乐学校的校长，是当时有名的钢琴大师，著名小提琴家也在这里任职；从哈尔滨芭蕾舞学校毕业的学生，曾在二十世纪四十年代的上海红极一时；俄国大画家列宾的得意弟子，也曾在哈尔滨居住。1926 年，圣·尼古拉大教堂的旁边，还诞生了中国第一座广播电视塔。

中国很少有人知道这个位于城市中心位置的建筑叫作圣·尼古拉大教堂，而是将它称作喇嘛台，这是将西方的宗教建筑完全本土化了，只将它看作了哈尔滨市区的地标性建筑。现在哈尔滨的南岗区，当时还叫作秦家岗，比道里和道外区，在地势上都要高出一些，而圣·尼古拉大教堂又建在南岗区的制高点上。以它为中心，形成了一个教堂广场，这个广场放射性地放出六条马路，变成了哈尔滨的市中心，也是哈尔滨市民进行社会、宗教、文化活动的重要场所。

然而，这种繁荣发展的局面并没有坚持多久。1931年1月，哈尔滨气温达到了零下41.4℃，3月末，俄国东正教哈尔滨教区的首任大主教麦佛季去世，葬在了教堂之下。同年9月18日，关东军炸毁了沈阳北部柳州湖铁路，并以此为借口，突袭了北大营和沈阳。1932年2月，日军第二师团主力进犯哈尔滨，当时黑龙江代主席马占山宣布与吉林自卫军一致行动，两天后打响了哈尔滨保卫战。哈尔滨民众掀起了自愿支援前线的热潮，但由于实力相差悬殊，日军主力还是进入了哈尔滨，那天正好是中国农历的除夕。

各个时代的风云人物，你方唱罢，我方登场，哈尔滨走过了相当漫长又格外崎岖的几十年。而在这些变迁之中，圣·尼古拉大教堂如同一个安静的观众，端坐在历史的舞台之下，直至迎来自身命运的终结时刻。

# 圣·尼古拉大教堂的损毁与重建

"那天的确下着小雨，建工楼里的喇叭正在播放那首《抬头望见北斗星》的歌曲，整条东西大街上挤满了革命的人群，有的人在派发着传单，有的人在演讲，天上的小雨一直在下着。但那天的雨并不大，像烟雾一样。一群红卫兵正在拽圣·尼古拉大教堂顶上的那个洋葱头。我在铁栅栏外面看着。教堂的草坪上堆满了经书，有人把它点燃了，火在雨中熊熊地燃烧起来了。"

上面这段文字，是哈尔滨作家王阿成对1966年8月23日所见的一段描述，那天成千上万的哈尔滨人，目睹了地标性建筑圣·尼古拉大教堂永远成为回忆，不少年长的市民，都对这座建筑物的消失唏嘘不已。

在圣·尼古拉大教堂被毁后，人们曾对是否要复建这座教堂，展开了激烈的讨论。支持派认为，艺术无国界，而圣·尼古拉大教堂是哈尔滨建筑艺术的典范，它与圣·索菲亚教堂和中央大街的欧式建筑一样，给市民展现出艺术建筑的美感，还可能成为哈尔滨旅游的新地标。另外，圣·尼古拉大教堂见证着哈尔滨不同时期的历史，有着深厚的文化积淀和内涵，复建不仅可以展现出这座城市辉煌的建筑成就，也能够对后人起到一定的警示作用。但反对派并不这样认为，他们认为，圣·尼古拉大教堂是特定历史时期殖民文化的体现，没有必要沉湎过去，把耻辱当成荣誉。而且，单从技术层面上来看，复建教堂存在一定的难度，很可能会造出不伦不类的赝品。这两种观点各有道理，导致圣·尼古拉大教堂的复建与否，迟迟没有定论。

2008 年夏天，一位俄罗斯老人出现在哈尔滨的街头，他用手中的相机拍摄着年代久远的街道和房子，久久不愿离去。这位老人，是来自俄罗斯的古建筑专家克拉金教授，他在松花江畔的一些建筑上，看到了俄罗斯建筑的影子。克拉金教授的这次到访，为这座城市带来了一份神秘的礼物，即圣·尼古拉大教堂的原始图纸。这些图纸已经在俄罗斯圣彼得堡的档案馆中，整整沉睡了一百多年，现在即将交到中国的黄祖祥的手中。

黄祖祥是被父辈们带到哈尔滨的上海人，上学时便拥有很强的动手能力，下乡锻炼后又掌握了许多实践知识，后来他又学习了机械制造，车、钳、铣、刨以及木匠等工种，他基本都会，他想要让这些一百多年前的线条，在自己手中复活。

黄祖祥从俄罗斯购买了 43 车优质红松，并将这些木材送进了专门加工厂。然而随着工程的展开，黄祖祥发现即便拥有现代化的设备和技术，复制这座古老的全木结构建筑也同样存在着难度，这对他造成了极大的压力。

俄罗斯有一句谚语，如果没有亲自抚养一个孩子长大，没有亲自参与一个教堂的建设，就不能算作真正的男人。虽然在重建圣·尼古拉大教堂的过程中存在着种种困难，但黄祖祥只要想到这是为很多哈尔滨人去做的，建成后的教堂作为建筑艺术馆能还原一段真实的历史，他就觉得意义特别重大。黄祖祥首先对重建教堂的全部木材，进行了防腐、防蛀、防变形的特殊处理，再将这些木头送入加工车间，切削成规则的木方，最后用车床，将它们制成构建建筑物主体的圆柱体。建筑物消失的时间越长，当年建造它时所采用的一些传统工艺也将随之逐渐失传，没有人知道黄祖祥的方式会不会是一个异想天开的错误。

如果重建的建筑物不能准确重现出它当年的样子，那么复建也将失去意义，好在圣·尼古拉大教堂的复建结果，并没有让大家失望。2009 年的夏天，在哈尔滨郊外幽静的伏尔加庄园里，一座崭新的建筑物圆满落成。它周身散发出淡淡的松木清香，高高耸立的帐篷顶和洋葱头，似乎都在提醒人们，圣·尼古拉大教堂这个阔别多年的老朋友，从大家的记忆中复活了。复制后的圣·尼古拉大教堂，作为一所建筑博物馆，与它身边许多曾经在地球上消失的精美建筑永远相伴。

圣·尼古拉大教堂作为一座传奇的建筑，承载着关于哈尔滨这座英雄城市的部分记忆。而这些记忆，归根结底还是关于人的记忆，过去、现在以及未来的哈尔滨人，才是故事中的真正主角！

**图书在版编目（CIP）数据**

考古中国：消失的建筑 / 翟东强，谢九如著. —北京：中国工人出版社，2023.8
ISBN 978-7-5008-8254-1

Ⅰ．①考… Ⅱ．①翟… ②谢… Ⅲ．①考古发现 – 中国②古建筑 – 中国 Ⅳ．①K87②TU–092.2

中国国家版本馆CIP数据核字（2023）第166054号

## 考古中国：消失的建筑

| | |
|---|---|
| 出 版 人 | 董　宽 |
| 责任编辑 | 葛忠雨 |
| 责任校对 | 张　彦 |
| 责任印制 | 黄　丽 |
| 出版发行 | 中国工人出版社 |
| 地　　址 | 北京市东城区鼓楼外大街45号　邮编：100120 |
| 网　　址 | http://www.wp-china.com |
| 电　　话 | （010）62005043（总编室）　62005039（印制管理中心） |
| | （010）62379038（社科文艺分社） |
| 发行热线 | （010）82029051　62383056 |
| 经　　销 | 各地书店 |
| 印　　刷 | 三河市万龙印装有限公司 |
| 开　　本 | 710毫米×1000毫米　1/16 |
| 印　　张 | 12 |
| 字　　数 | 160千字 |
| 版　　次 | 2023年10月第1版　2023年10月第1次印刷 |
| 定　　价 | 68.00元 |